U0726774

跨境电商物流与供应链管理问题研究

蒋建华　陈金章 ◎ 著

吉林出版集团股份有限公司

图书在版编目（CIP）数据

跨境电商物流与供应链管理问题研究 / 蒋建华，陈金章著. — 长春 : 吉林出版集团股份有限公司，2024.7.— ISBN 978-7-5731-5409-5

Ⅰ.F724.6

中国国家版本馆CIP数据核字第202471KF35号

跨 境 电 商 物 流 与 供 应 链 管 理 问 题 研 究
KUAJING DIANSHANG WULIU YU GONGYINGLIAN GUANLI WENTI YANJIU

著　　者	蒋建华　陈金章
责任编辑	赵利娟
封面设计	牧野春晖
开　　本	710mm×1000mm　1/16
字　　数	200 千
印　　张	11
版　　次	2025 年 1 月第 1 版
印　　次	2025 年 1 月第 1 次印刷

出版发行　吉林出版集团股份有限公司

电　话　总编办：010-63109269

　　　　　发行部：010-63109269

印　刷　三河市悦鑫印务有限公司

ISBN978-7-5731-5409-5　　　　　　　定价：79.00 元

前　言

　　近年来，跨境电商的蓬勃发展不仅重塑了全球贸易格局，也极大地改变了消费者的购物习惯。人们越来越倾向于通过跨境电商平台购买来自全球各地的商品，享受便捷的购物体验。然而，跨境电商的兴起也对物流行业提出了更高的要求。如何高效、准确、及时地完成跨国配送，成为物流企业和跨境电商的一大挑战。

　　本书旨在全面解析跨境电商物流的运作模式、面临的挑战及未来的发展趋势。我们希望通过深入的研究和分析，为读者提供一个清晰、全面的跨境电商物流知识体系，并探讨如何通过创新和优化来满足日益增长的跨境电商物流需求。

　　本书从跨境电商物流的基本概念入手，详细阐述了跨境电商物流的运作流程、企业类型及核心环节。同时，我们对跨境电商物流进行了细致的分类，深入剖析了邮政物流、国际快递、专线物流及海外仓等物流方式的特点和适用范围。此外，本书还系统地探讨了跨境电商物流系统的构建与规划，覆盖系统的关键构成要素、规划方法，以及规划中可能遇到的典型问题。在深入研究跨境电商物流的基础上，我们进一步拓展了供应链管理、库存管理、绩效管理及风险和危机管理等相关内容。

　　从内容上看，本书不仅详细阐述了跨境电商物流的各个方面，还通过分析和对比，帮助读者更深入地理解跨境电商物流的运作机制与管理要点。同时，本书注重理论与实践相结合，旨在为读者提供一套科学且实用的跨境电商物流管理与操作方法。

在本书的撰写过程中，我们参考并借鉴了许多专家学者的研究成果，在此谨向他们表示衷心的感谢。由于时间和精力所限，本书难免存在一些不足之处，恳请广大读者批评指正。

蒋建华　陈金章

2024 年 12 月

目 录

第一章　跨境电商与物流概述

第一节　跨境电商物流概述

一、物流

（一）物流的来源与定义

"物流"这个概念最初来源于 20 世纪初的美国，当时被称为 "Physical Distribution"（PD），意指实物分配或货物配送。该术语反映了物流的基本功能，即产品从生产地到消费者手中的物理移动。随着时间的推移，尤其是在第二次世界大战后，物流的概念逐渐扩展。特别是在美国，"物流管理"（Logistics Management）这一术语开始被广泛使用，涵盖了更为广泛的供应链活动，包括运输、补给、存储等内容。20 世纪 70 年代末，随着中日两国经济和文化交流的加深，"物流"这一概念被引入中国。实际上，早在 1956 年，日本曾派遣一支考察团赴美研究流通技术，接触到了"PD"这一概念，并将其引入国内。日本将"PD"翻译为"物的流通"，后来简化为"物流"。这一术语最终也被中国采纳并广泛应用。

物流的定义随着经济和社会的发展而不断演变。1985 年，美国物流管理协会更新了对物流的定义，强调以顾客需求为中心，对货物、服务及相关信息从起点到终点的全过程进行有效且高效的计划、执行与控制。这一定义的变更标志着物流概念的进一步发展，使得物流不再仅仅关注运输和分配，而是转向对整个物流过程的管理。

在我国，《中华人民共和国国家标准：物流术语（GB/T18354-2006）》对物流的定义，强调物流是物品从供应地到接收地的实体流动过程，涉及运输、存储、装卸、搬运、包装、流通加工、配送、回收、信息处理等多个环节的有机结合。

总的来说，物流是一个动态发展的概念，它随着技术进步、市场需求和管理理念的更新而不断演进。现代物流特别强调信息化、自动化、网络化和智能化，以及对整个供应链的有效管理。

（二）物流常用名词解析

1．快递（速递）

快递是一种提供快速邮递服务的点对点物流模式。它利用铁路、公路、航空等多种交通工具，将客户的货物迅速送达目的地。快递服务主要处理包裹类货物，其重量和体积通常受到快递公司的规定限制。一般而言，货物重量被限制在100千克以下：在体积方面，要求单边长度不超过1.5米，且周长不超过3.5米。

在费用计算方面，快递服务会根据货物的实际重量或体积重量来确定收费金额。具体而言，当实际重量和体积重量中有一个数值较大时，将按照较大的数值进行收费。体积重量的计算则依据特定的换算公式进行。

2．快运服务

快运服务是一种面向单位和个人的便捷物流服务。其核心在于根据托运方的要求，在指定时间内以高效的运输手段将物品送达目的地或指定的目标客户。相较于快递服务，快运服务通常处理的货物在重量、数量和体积上都更为庞大。

快运服务不仅提供基础的运输和配送，还提供一系列门到门的增值服务，确保货物能够直接送达最终收货人。同时，客户也可以根据自身需求，选择指定的取货或收货地点。无论是自行取货还是送货至指定收货点，快运服务都能灵活满足客户需求。

在快运服务中，零担快运是其主要形式。这意味着将多个不同托运人的小批量货物集中起来，进行统一运输和配送。此外，快运服务还包括整车快运等多种形式，以满足不同客户的需求。

3．快件服务

快件服务是指为需要快速物流服务的物品提供的专门服务。根据运输方式的不同，快件的具体定义也有所区别。例如，邮政部门的快件主要是指需要快速投递的信函和邮件；而快递服务中的快件是指需要快速送达的包裹；托运服务中的快件则是指那些随同旅客乘坐火车或飞机一同运送的物品。

4．零担快运服务

零担快运服务是指通过门对门的服务方式，将不足一车的零星货物直接送到收货人手中的物流服务。当货主托运的货物量不足以装满一辆货车时，承运方通常需要等待其他货物凑满一车后再行发运，但这也可能导致运输速度的降低。为了解决这一问题，行业推出了定时定线的零担快运服务。该服务专注于快速运输零担货物，从而大大提高了运输效率。此外，借助汽车运输的便捷性，零担快运还提供上门取货和送货服务，成为市场上最受欢迎的快速运输方式之一。

5．零担货运服务

零担货运服务是指当单批货物的重量或体积未达到单独装满一辆货车的标准时，该批货物可与其他多批货物共享一辆货车进行运输的物流服务。这里所说的"零"，指的是货物零散、不集中；"担"在古时是指扁担，如今则代指车辆。因此，"零担"表示货物数量不足以装满整车的状态。这类零担货物通常具有运输量小、批次多、目的地分散、种类多样、特性复杂、包装规格各异、操作烦琐等特点。从货物重量的角度看，零担货物是指在一次托运中，其计费重量大于快递服务的常规上限（100千克），但又小于3吨的货物。

6．整车物流服务

整车物流服务是以整车为单位的物流服务，能够根据客户的订单要求，对交货时间、地点及质量保证进行精确响应和准时配送。与传统的商品车运输不同，现代整车物流服务不仅涵盖了运输环节，还扩展到了仓储、配送和末端增值服务等环节，形成了一种新型的综合物流服务。

7．第三方物流服务

第三方物流服务是指由独立于发货方和收货方的第三方企业提供的物流服务。这些企业通过与买卖双方签订合同，为双方提供全部或部分物流服务，但不直接参与商品的买卖活动。在发展过程中，第三方物流服务逐渐呈现出关系合约化、服务个性化、功能专业化和数据信息化的特点，已成为物流行业的重要组成部分。

8．第四方物流服务

第四方物流服务是由供应链集成商提供全面供应链解决方案的物流服务。这些集成商通过调配和管理自身的资源、能力与技术，并与互补的服务提供商合作，为供应链上的单个企业或整个供应链提供整合运作服务。第四方物流服务的覆盖范围广泛，涵盖供应链内部及多个供应链之间可能涉及的所有运营环节。

二、电商物流

（一）电商物流的定义

电商物流是电子商务的配套服务，通过互联网技术的应用，实现物流、商流、资金流、信息流的深度匹配、高效融合和互动发展。其业态涵盖电商自建物流、专业的第三方物流、供应链整合的第四方物流，以及物流周边服务和仓储服务等多元化服务形式。电商物流的崛起是云计算、大数据、社交网络等先进互联网技术在传统物流领域的突破性应用成果，并与电子商务的迅猛发展相辅相成。

在我国，电商物流企业的崛起与互联网和电子商务的蓬勃发展紧密相连。通过"互联网＋"模式推动物流产业的发展，不仅弥补了电商在物流方面的短板，还促进了互联网与传统物流的深度融合，从而显著提升了电商企业和物流企业的市场竞争力。在电商物流体系中，用户体验是衡量物流服务能力的关键指标。互联网与物流业的深度融合，使得供应链信息实现网络化，商品和服务实现可视化，消费者的多元化、个性化需求进一步推动了物流服务的创新与发展。

（二）电商物流的特质

1．高度信息化

随着电子商务时代的到来，物流行业也迎来了全新的发展机遇。物流信息的及时更新、高准确度和高效益已成为行业发展的必然要求。因此，物流高度信息化成为物流行业的核心竞争力和发展的基石。物流的高度信息化体现在物流信息的商品化、数据库化和编码化收集，电子化和计算机化处理，以及标准化的信息传递等方面。

2．自动化操作

电子商务对物流提出了更高的要求，其中之一便是自动化。自动化的核心在于机电一体化，其外在表现为无人化操作。物流自动化不仅大幅减少了人力成本，还显著提升了物流作业的效率和准确性。自动化设施在物流领域得到了广泛应用，如自动识别系统、自动分拣系统、自动存取系统、自动导向车及货物自动跟踪系统等。

3．网络化布局

物流网络化是物流行业发展的重要特征之一。其优势在于不受时间和地点的限制，能够实现资源的共享和优化配置。物流信息系统基于开放的网络平台，使物流信息能够以低成本即时传播。同时，GPS（Global Positioning System，全球定位系统）技术的应用，使物流公司能够实时监控和调度物流车辆，实现双向通信、灵活调度，并进行数据存储与分析。

4．智能化决策

物流智能化是信息化与自动化的结合体，在库存管理、物流配送和经营管理决策支持等方面发挥着重要作用。为提高物流现代化水平，物流智能化已成为电子商务环境下物流发展的新方向。借助先进的知识与技术手段，物流智能化能够解决复杂问题，提升物流效率并改善服务质量。

三、跨境电商物流

跨境电商，即跨境贸易电子商务（Cross-border E-Commerce），主要聚焦于跨境网络零售业务，如外贸小额批发和 B2C（Business to Consumer, 企业对消费者的电子商务模式）电子商务活动。这涉及交易双方分别隶属于不同关境的情况，包括进口与出口交易。买卖双方通过互联网平台达成交易协议，完成支付结算，并依托国际物流渠道，以快件、包裹等形式将商品直接送达消费者手中。

随着跨境电子商务这种新型贸易模式的迅猛发展，跨境电商物流方面的瓶颈问题也日益凸显。尽管中国邮政、顺丰速运、菜鸟等物流公司已针对跨境电商贸易的增长进行了相应的调整和优化，但现有的物流体系仍然难以满足跨境电商贸易日益增长的需求。因此，企业若要进一步推动跨境电子商务的健康发展，就必须正视并解决跨境电商物流所面临的挑战和问题。

（一）跨境电商业务的流程

跨境零售作为国际贸易的重要组成部分，涵盖了部分小额、碎片化的商家用户，使得商家与个人消费者之间的界限逐渐模糊。

从海关管理的角度来看，跨境电商实质上是基于互联网的小额交易活动，主要面向消费者群体。跨境电商对传统贸易流程进行了数字化、网络化和碎片化的改造，其购买特点主要表现为小批量、多批次、单笔交易金额相对较小。这不仅涉及交易产品，还包含相关的交易服务，形成了"产品＋服务"的综合模式。根据进出口方向、交易模式、平台运营方及服务类型等多个维度，可以对跨境电商进行细致的分类。跨境电商的整体业务流程如图 1-1 所示。

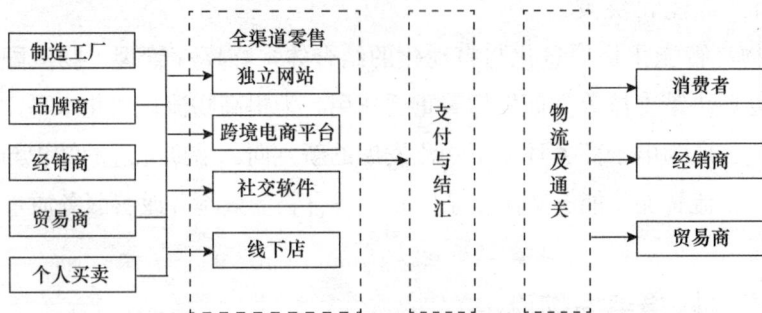

图 1-1　跨境电商业务流程示意图

全新的全渠道零售模式通过整合实体店与多种线上购物渠道，实现了随时随地的连接，为消费者提供无缝衔接的购物体验。这种模式涵盖了独立网店、跨境电商平台、社交媒体与线下实体店等多种零售形式。

买卖双方由于处于不同的环境，在全渠道零售媒介的助力下达成交易后，支付环节会涉及结汇问题，而交货过程则涉及跨境物流及海关通关等多个环节。只有当这些环节都顺利完成后，整个交易才算圆满完成。因此，跨境电商与国内电商的主要差异体现在物流与结汇两方面，其中物流过程对交易时间的长短以及客户满意度的高低具有显著影响。

（二）跨境电商物流的定义

跨境电商物流作为跨境电商流程得以实现的关键环节，主要指在两个或更多国家 / 地区间进行的物流服务活动。这一过程涵盖输出地物流、国际物流、输入地物流及最后的配送等多个部分，并涉及清关、检验检疫等一系列复杂流程。跨境电商的蓬勃发展与物流业的支持密不可分，因此，跨境电商物流的发展水平直接决定了跨境电商的整体发展程度。在电商环境下，由于交易主要依赖于网络平台进行，线下的物流配送环节显得尤为重要，它直接关系到电商交易能否顺利完成以及消费者的满意度。

（三）跨境电商物流的流程与相关专业术语

跨境电商主要服务于 B2C 客户群体，其发货流程大致如下：首先，卖家在收到平台订单后，将商品进行打包并发出。接着，这些包裹通过各种不同的物流渠道，以海运、陆运或空运的方式从发件国海关运往收件国海关（国际小包主要以空运为主）。最后，通过收件国目的地的派送渠道，将包裹送到买家手中。这一过程中涉及的主要物流环节及其相关物流术语如表 1-1 所示。这些术语不仅有助于我们更深入地理解跨境电商物流的运作过程，还能为相关从业人员提供更加精准的专业指导。

1-1　跨境电商物流主要环节及相关术语

编号	主要环节	主要物流术语
1	发件国物流渠道	（1）实重；（2）体积重；（3）跟踪号；（4）转单号；（5）排仓；（6）爆仓；（7）偏远费；（8）上网时效；（9）起飞时效；（10）未上网；（11）申报
2	发件国海关	（12）出口总包护封开封；（13）出口总包直封分发；（14）出口总包护封分发
3	空运，在途中	（15）交航；（16）转运 / 中转
4	收件国海关	（17）清关；（18）税号；（19）检疫；（20）关税；（21）扣关；（22）清关时效
5	收件国物流	（23）丢弃 / 退件；（24）代收；（25）丢件
6	收件人签收、妥投	—

（四）跨境电商物流的常用术语解释

以下是关于跨境电商物流中常用术语的详细解释。

1. 发件国物流渠道术语

（1）实重/净重（Net Weight）：指包裹在磅秤上测量出的实际重量，不包含任何包装材料的重量。

（2）体积重（Dimensional Weight）：在特定的物流渠道中，除包裹的实重外，还会根据包裹的长、宽、高计算出一个虚拟重量，即体积重。当体积重超过实重时，物流费用将按照体积重计算：反之，若实重超过体积重，则按实重计费。这种体积大而实重轻的货物通常被称为"抛货"，体积重计费也被称为"计抛"。需要注意的是，只有当包裹的长、宽、高三边中任一边长度达到 60 厘米及以上时，才会考虑计算体积重。

体积重的计算公式：

长（cm）× 宽（cm）× 高（cm）÷ 5 000 ＝ ××（kg）

［EMS（中国邮政速递物流）以 8 000 作为分母］。

（3）跟踪号（Tracking Number）：包裹被物流渠道服务商接收后，服务商会提供一组包含字母和数字的物流信息跟踪号。买家或卖家可以通过这个跟踪号查询包裹的最新状态，例如包裹的所在位置、预计送达时间等。根据万国邮联的规定，查询号码具有特定的格式，通常由 2 位字母、9 位数字及 2 位字母组成。其中，前两位字母代表邮寄方式和包裹大小，后两位字母代表发件国家的代码。例如，EMS 是中国邮政的特快专递服务，其单号以"E"开头，后面跟着特定的字母和数字组合。

以下是一些常见的邮寄方式及其编号格式：

A# 平邮小包（不超过 2 千克）

R# 挂号小包（不超过 2 千克）

V# 挂号小包（带保险）（不超过 2 千克）

C# 邮政大包（2 千克以上）

L# 邮政特快专递（不超过 2 千克）

E# 邮政特快专递（2 千克以上）

EMS 是中国邮政推出的一种国际及国内快递服务，自 1980 年 7 月 15 日起开始运营。这项服务利用航空和陆路运输方式，为客户提供快速的邮件和包裹递送服务。EMS 的英文全称是 Express Mail Service，意为"特快专递服务"。

EMS 邮件号码共 13 位，首字母"E"是邮政快递英文缩写的第一个字母，第二个字母为序列号（如 EA、EB、ED、EF 等），主要用于避免重复。

"CS"是指其他物流公司通过邮政协助运送的单号，不过也可以在邮政物流网上查询。

KA 开头：普通快包，一般为红色单据，到货时间为 4 ～ 10 天不等。选择送货上门需收费，自行前往邮局取件则不收费。

SA 开头：挂号印刷品，到货时间为 7 ～ 20 天不等，免费送货上门，但速度较慢。

XA/XB/XC/XN/SB 等开头：挂号信函，到货时间为 3 ～ 10 天不等，免费送货上门，便捷高效。

PA 开头：普通包裹，一般为绿色单据，到货时间为 7 ～ 20 天不等。选择送货上门需收费，自行前往邮局取件则不收费。

（4）转单号（Transfer Number）：在某些情况下，由于航空包裹无法直接从寄件国抵达目的国，需要经过第三方国家进行转运，因此会产生另一组跟踪号，这就是转单号。此外，当包裹抵达收件国后，当地的派送公司可能会提供另一组跟踪号，以便追踪包裹的派送情况。在某些特殊情况下，如包裹出现异常时，也可能会产生转单号，以便更好地追踪和解决问题。

（5）排仓（Row Arrangement）：当海关已经放行的货物需要由航空公司根据货物的尺寸、重量等因素进行装载和编排时，这个过程被称为排仓。然而，由于四大快递公司的航班仓位有限，当货物量超过其处理能力时，可能会出现排仓等待的情况，这可能会产生额外的排仓费用。

（6）爆仓（Warehouse Overload）：通常指物流旺季时快递或邮政渠道的包裹数量过多，超出了处理能力，导致来不及分拣，甚至无法继续收件，大量快件滞留在始发站或中转站，进而延长包裹到达目的地的时间。爆仓发生的原因可能包括恶劣天气（如大雪、洪水、台风等）、网购高峰期（如圣诞节、元旦、春节、情人节前后等）、国际赛事（如奥运会）的举办，或长假期间等多种因素。

（7）偏远费（Remote Area Fee）：对于通过商业快递发货的包裹，如果目的地位于邮路不发达的地区，快递公司会收取额外的偏远地区服务费，以弥补因运输距离远、成本高等因素导致的费用增加。而通过邮政渠道（如 EMS）发货，通常不包含偏远费。

（8）上网时效（Information Received）：上网时效指的是邮局在收货并验货后，将运单号数据上传到官方网站的速度。如果是直封分发的包裹，通常在获取运单号后的 1 至 3 个工作日内即可查询到物流信息更新；而线上发货的包裹，通常在工作日收到包裹后的次日可以看到物流信息更新。如果线下发货的包裹超过 3 至 5 个工作日仍无物流信息更新，可能需要考虑货运代理处理货物的时效性，因为可能存在货代转手导致信息更新滞后的情况。在购物旺季或平台促销期间，由于快递公司处理能力有限，爆仓现象可能导致物流信息更新严重滞后。

（9）起飞时效（Dispatchedto Overseas）：起飞时效指的是邮局将货物送至海关查验放行后，在机场等待航班的时间。由于欧美航班较多，运输速度相对较快；而在一些不发达国家，可能需要等待更长的时间。

（10）未上网（Information Failed）：当单号数据在官网上暂时无法查询到或未更新时，即称为"未上网"。这可能是由于数据同步延迟或系统更新等原因导致的。

（11）申报（Claim）：申报是发件人对包裹内容进行详细陈述的过程。发件人需要在形式发票（主要针对快递）或报关单（通常是小包）上填写物品详情、数量、金额等信息。这些信息将提供给进口国家的当地海关，用于货物检查以及关税的征收等操作。正确的申报对确保包裹顺利通关并避免不必要的税费至关重要。

2．发件国海关相关术语

（1）出口总包护封开封（Arrivalat Transit Office of Exchange）：在出口贸易流程中，发往不同目的国的包裹会被集合装入专门的邮递袋子，形成所谓的"总包"。这些总包在递交给海关之前会进行护封处理。当总包到达海关时，海关人员会对其进行开封操作，并对包裹进行扫描和查验，以确保包裹内的物品与申报内容一致。这一步骤是确保包裹合规出口的重要环节，有助于避免潜在的风险和延误。

（2）出口总包直封分发（Departure from Outward Office of Exchange）：当出口总包经过海关检查并确认合格后，海关会重新进行护封处理，并将其交由航空公司进行运输。此时，系统会显示"出口总包直封分发"状态，这意味着包裹已顺利通过海关检查，并以直封的方式发往目的国，途中不会经过第三方国家。

（3）出口总包护封分发（Distribution from Outward Office of Exchange）：对于需要中转的包裹，海关会根据不同的地址进行分拣，并将分拣后的小包裹重新封装成总包，随后发往目的地的投递站点。这一步骤确保了中转包裹能够安全、高效地到达下一个处理环节。

3．空运及在途状态相关术语

（1）交航（Delivery to Airlines）：当国内服务商将货品交至机场，并确认包裹已登上前往目的国的航班时，系统会显示"交航"状态。这标志着包裹已离开寄件国。下一条更新信息通常显示货品已抵达收件国。

（2）转运／中转（Transport/Transit）：在某些情况下，航空包裹无法直接从寄件国抵达目的国，需要通过第三方国家进行转运或中转。然而，转运过程中可能存在一些风险，如物流操作人员的不规范操作或暴力分拣，这可能导致货物破损或丢失。此外，多次转运也可能导致货物的物流信息更新速度变慢。

4．收件国海关相关术语

（1）清关（Customs Clearance）：清关是指进口货物、出口货物和转运货物进出一国海关关境或国境时必须完成的一系列手续与程序。这些手续包括向海关申报、办理各项规定的手续及履行相关法规规定的义务。只有当货物成功完成清关手续后，才被允许进入或离开该国。

（2）税号（Tax Number）：税号是纳税人识别号的简称，是用于标识纳税人的唯一身份代码。每个企业都有一个唯一的税号，而在某些国家，个人也拥有自己的税号。税号在清关过程中起着重要作用，用于确认纳税人的身份和申报信息的准确性。不同国家的税号制度可能有所不同，因此在进行跨境电商物流时需要特别注意。

（3）检验检疫（Quarantine Inspection）：检验检疫是卫生检疫、动植物检疫和商品检验的总称。对于电子类产品等特定商品，检验检疫部门会进行严格的认证和查验，以确保产品符合相关标准和规定。这一过程有助于保障消费者的权益和国家的安全。

（4）关税（Customs Duties/Tax）：关税是国家授权海关对出入境的货物和物品征收的一种税收。每个国家都有自己的关税起征点，当货物的申报价值超过这个起征点时，就需要缴纳相应的关税。关税的种类包括反倾销税、增值税等，具体税率和规定因国家而有所不同。

在涉及发货时，若货物可能触及征税点，我们强烈建议卖家提前与买家或货代公司沟通，明确目的地国家的关税规定及免税额度。尽管卖家本身并不承担关税责任，但买家往往因高额关税而无法完成清关，进而可能引发交易纠纷。这类纠纷主要来源于以下两方面原因：

首先，扣关（Detainedby Customs）：扣关是指货物在收件国的海关因多种原因被扣留或查扣。常见原因包括但不限于申报价值与海关估价不符、货物名称与实物不匹配、装箱清单信息不完整、收货人不具备相应资格（如缺乏进出口权）、货物价值超出收件国家的免税限额（需额外缴纳关税），以及涉及违禁品等。一旦货物被扣关，相关人员应及时与海关沟通并妥善处理相关事宜。这一点至关重要，以避免货物延误和损失。

其次，清关时效（Arrivedat Overseas）：清关时效是指货物在海关完成必要手续并得以放行所需的时间。由于各国海关的流程、工作效率和政策存在差异，清关时效会有所不同。在跨境电商物流中，了解并合理预估清关时效对于确保货物准时到达至关重要。

5. 收件国物流处理相关术语

（1）丢弃/退件（Abandon/Return）：当包裹抵达收件国后，若因各种原因无法成功投递，可能会面临被丢弃或退回的情况。需要注意的是，部分国家即使选择丢弃包裹，也可能收取一定的"处理费用"。如果选择退回包裹，根据万国邮政联盟的规定，对于小包裹退回至发件地是免费的。但对于商业快递而言，若需退件，其费用通常是寄件费用的3倍至5倍。因此，在处理商业快递时，建议谨慎操作，以避免不必要的退件费用。

（2）代收（Waiting Collection）：如果包裹在收件国无法顺利投递，通常会被暂时存放在当地的物流服务中心，存放期限为1周至3周，具体时长因国家而异。在此期间，当地物流服务中心会通知收件人尽快前往领取。如果存放期限届满后仍无人领取，包裹可能会被丢弃或退回处理。

（3）丢件（Lost）：当包裹在网上无法查询到更新信息、邮局未回复查询结果且客户未签收时，可视为丢件。一旦确认丢失，邮政部门将按照相关规定提供限额赔偿。因此，建议发货方在发货时务必选择可靠的物流渠道，并妥善保管相关凭证，以便在发生问题时能够及时处理并获得相应赔偿。

（五）跨境电商物流的现状分析

跨境电商物流作为支撑跨境电商发展的重要环节，近年来随着全球电子商务的蓬勃发展，其市场规模持续扩大。对跨境电商物流现状的综合分析如下：

（1）市场规模增长：跨境电商物流市场规模持续扩大，这得益于全球电子商务的快速发展。据相关研究预测，2024年中国跨境电商B2C出口市场规模将达到2.1万亿元，对应的物流市场规模将在4200亿元至到6300亿元之间。

（2）行业竞争加剧：随着新企业的涌入，市场竞争日益越发激烈，行业已进入洗牌阶段。注销企业的数量不断增加，预计未来几年行业竞争将更加白热化。

（3）企业面临挑战：跨境物流企业在面对成本上涨、监管升级和内卷加剧等多重压力时，正努力通过降本增效寻求突破，同时探索差异化发展路径。此外，企业正加快数字化转型步伐，以全面提升核心竞争力。

（4）新兴电商平台的崛起：新兴电商平台，如Temu（跨境电商平台）和TikTok Shop（TikTok旗下电商平台），凭借其独特的商业模式和先进的技术手段，正在重塑行业格局，为跨境物流企业开拓更加多样化的市场机遇。

（5）技术发展带来机遇：人工智能等新兴技术的发展为行业注入了新的活力，同时也带来了挑战。这些技术正在推动物流服务向数字化和智能化方向加速转型。

（6）政策支持：国家对物流行业重要地位的认可以及对跨境电商出口物流的政策扶持，为行业发展营造了良好的外部环境。

（7）服务模式创新：跨境出口电商平台的快速增长，以及智能技术与传统物流的深度融合，推动了服务模式的不断创新。

（8）行业门槛与创新：跨境电商物流服务行业因链条长、复杂度高，需要对大数据和网络优化模型进行精准调整，以提升业务运营质量。

（9）市场格局变化：万国邮联改革可能会导致部分邮政小包业务量向专线小包转移。专线物流在时效性和价格方面介于邮政与商业快递之间，呈现出快速增长的态势。

（10）企业战略调整：跨境物流企业正通过并购方式扩展业务版图，强化与电商平台的合作，提升运力保障能力，并深耕细分市场，提供"一站式"物流解决方案。

（11）品牌化与多渠道布局：跨境卖家正逐步向品牌化和多渠道布局方向发展，这将推动物流服务走向更加专业化与多样化。

（12）客户需求导向：跨境物流企业需要深入洞察客户需求，提供个性化服务，包括物流信息跟踪、退货、换标、货物数据管理等。

（13）行业发展趋势：预计未来跨境物流企业将面临更加多元化的竞争，需要通过差异化能力和精细化客户运营能力来提升市场竞争力。

跨境电商物流行业正处于快速发展和深刻变革之中，企业需要不断创新并调整战略，以适应持续变化的市场环境。

（六）跨境电商物流面临的挑战

跨境电商物流因运输过程漫长、距离遥远，涉及通关、商品检验、退税结汇及海外仓储等一系列复杂环节。更为复杂的是，不同国家之间的国情差异显著，其爱国情怀、风土人情及物流设施均存在明显差异。这些因素不仅大幅提高了跨境电商物流风险的发生概率，也对物流服务的质量和效率提出了更高要求。因此，跨境电商物流面临着前所未有的挑战，需要持续创新和优化，以满足市场日益增长的需求。

1. 物流时效风险

与境内贸易相比，跨境贸易面临更多难以预料和控制的因素，这使得跨境物流的运作周期较长，效率相对较低。从订单处理到运输、配送，再到清关等各个环节，都可能出现延迟现象。造成这种延迟的原因主要有以下两方面：一是由于各国的国情和物流基础设施存在差异，跨境物流工作难以高效进行；二是跨境电商活动涉及多个国家和地区，物流环节增多，供应链变得更加复杂，同时还需完成海关报关、商检等程序，进一步延长了跨境物流的周期。

根据对客户满意度的调查，物流问题在跨境电商贸易中成为客户最为不满的因素，而物流时效问题更是投诉的焦点。在跨境物流过程中，订单拣选、运输、清关和配送等环节是影响时效性的关键。这些环节的运作效率直接决定了跨境物流的整体时效性，对提升客户满意度至关重要。因此，优化这些环节并提高物流时效已成为跨境电商物流面临的重要挑战。

2. 物流信息风险

跨境物流的信息风险主要体现在实时追踪能力及信息安全两方面。一方面，物流信息在传递过程中可能出现信息错误或难以实现实时追踪的情况，这可能导致跨境商品出现货物破损或货物丢失，从而无法按时、安全地送达境外消费者手中；另一方面，跨境电商物流依托于网络技术的发展，而网络本身存在一定的安全隐患，甚至可能遭受恶意攻击，导致信息和数据的泄露或传输延迟等问题。物流信息是物流网络运行的重要技术支持，能够将跨境电子商务活动中涉及的企业各部门、物流企业、制造企业及其他相关职能部门紧密联系在一起，实现低成本、高效率的信息共享。因此，物流信息在跨境电子商务活动中尤为重要，控制其中的风险因素显得尤为必要。

3. 物流损耗风险

物流损耗在国内外业界都是一个普遍且棘手的问题，在跨境电商贸易中，这一问题尤为突出。这主要由两方面的因素导致：客观因素和主观因素。客观因素包括不可抗力事件，如自然灾害、极端天气、政治纷争及设施设备故障等，这些因素常常引发物流过程中难以预见的损失。

主观因素则与跨境电商的特性及人为操作有关。跨境电商的物流活动通常涉及长距离运输、多环节衔接和复杂的产业链，这使得货物在运输过程中更容易受损或丢失。此外，物流从业人员的素质参差不齐，加之物流企业的管理水平不一，这些问题进一步增加了货损和货差的风险。

与其他风险相比，物流损耗风险不仅影响货物的完整性和质量，还直接关系到企业的服务质量和形象，对客户满意度产生深远影响。这种风险主要体现在货物破损、丢失及退换货等方面。货物破损可能发生在包装、装卸、库存和运输等多个环节。不规范的物流操作往往会导致包装破损和货物损失，从而影响商品的销售。

货物丢失则是更为严重的风险，尤其是在跨境电商的"最后一公里"配送环节，货物丢失的情况时有发生。此外，客户的退换货行为也是物流损耗的重要来源。这种情况可能是由于卖家或物流企业的失误，导致产品不符合买家预期；也可能是因为买家的不理性行为。退换货不仅增加了逆向物流的成本和复杂性，还使责任划分和管理变得更为困难，给跨境电商贸易带来了诸多不确定性。

4. 物流成本风险

跨境物流涉及多样化的运输方式和复杂的物流节点，因此对货物的包装技术、存储条件及退换货流程等提出了更为严格的要求。这也相应地增加了物流过程中包装、库存和运输等环节的成本。这些成本风险是跨境物流成本的重要组成部分。

包装作为生产流程的终点和物流的起点，其质量对于整个供应链的顺畅运作至关重要。大部分商品都需要经过适当的包装才能进入流通环节。跨境电商贸易对货物包装提出了三项核心要求：一是包装质量必须可靠，在控制成本的同时，也要确保包装能够经受长途跨境运输的考验；二是包装需要实现标准化，由于跨境物流中物流设施的标准不统一，若包装与物流设施无法有效衔接，将严重影响物流效率并推高总体成本；三是包装材料应追求绿色化，以符合不同国家和地区的环保标准与法规。为满足这些要求，企业需要在包装环节增加人力、物力和技术投入，以确保货物在流通过程中不受损坏并顺利通关。

库存成本涉及多个方面，包括库存持有成本、订购成本、缺货成本，以及在途库存成本。跨境电商贸易的特点导致存储环节增多、出入库操作频繁，存储和在途时间延长，从而推高了库存成本。

运输成本在总物流成本中占据重要地位，对整体物流服务质量具有决定性影响。跨境物流由于涉及更长的运输距离和更多的中间环节，装卸、搬运次数的增加，以及不同运输方式或不同标准运输工具之间的换装成本上升，最终导致跨境物流运输成本及整体物流成本显著提高。

5. 环境风险

跨境电商物流的环境风险是指由于外部环境的不稳定性所带来的潜在风险。这些风险主要来自四个方面：不可抗力、经济环境、政策环境及行业环境。

不可抗力风险主要指自然灾害和战争等无法预测且无法控制的因素。例如，火灾、洪涝、地震等自然灾害，以及战争冲突。这些事件一旦发生，往往会给跨境电商物流带来严重的人员伤亡、货物损失和财产损失。

经济环境风险主要体现在国际市场的复杂性和多变性上。与国内贸易相比，跨境贸易中的市场经济波动更加显著，汇率和利率的变动也更加频繁。因此，跨境电商物流需要密切关注宏观经济市场的变化，以应对潜在的经济风险。

政策环境风险主要涉及国家针对跨境电商物流领域制定的政策是否有利于其发展，以及国家为支持其发展所建设的物流基础设施的完善程度。政策的变动和基础设施的建设水平都会对跨境电商物流产生深远的影响。

行业环境风险主要体现在行业市场的需求波动、增长速度、竞争程度及发展前景等方面。这些因素直接影响跨境物流活动的开展和运营效果。

（七）跨境电商物流中最具代表性的企业

跨境电商物流主要涵盖跨境电商进口物流和跨境电商出口物流两大板块，其中出口物流的发展更为成熟。目前，涉足跨境电商物流领域的企业类型多样，包括国内快递公司、传统货代公司、传统海运公司、邮政服务及国际快递公司等。此外，一些大型跨境电商平台，如全球速卖通（AliExpress）、兰亭集势和Shopee（东南亚及拉美地区的电商平台）等，也通过设立海外仓的方式构建了自己的跨境电商物流体系。同时，大型制造企业，如海尔、海信和富士康等，也利用其海外渠道进军跨境电商物流领域。值得一提的是，中国对外贸易运输（集团）总公司（简称"中外运"）、中国海运（集团）总公司（简称"中国海运"）等海运公司通过与阿里巴巴等电商巨头的合作，也成功进入了跨境电商物流领域。这些企业凭借各自的优势，在跨境电商物流市场中扮演着重要角色。

1. 顺丰速运

顺丰速运在提升国内物流服务的同时，也在积极拓展国际业务，具体措施及成效如下：①国内服务网络的加强。顺丰速运在国内建立了超过13000个服务网点，拥有一支由80多架货机组成的航空货运机队，并提供与客运航班合作的腹舱货运服务，为电商客户打造了覆盖全面的服务网络。②国际合作与联盟。顺丰速运通过与国内外邮政系统建立联盟，并借助万国邮政联盟提供的信息系统、支付解决方案、优先配送和强大的清关能力，加速了跨境业务的拓展，实现了资源共享和优势互补。③国际战略合作伙伴关系。2017年9月，顺丰速运与美国联合包裹运送服务公司（United Parcel Service, Inc.,UPS）成立的合资公司获得中国监管部门的批准。此次合作将顺丰速运覆盖中国 300 多个城市的服务网络与 UPS 遍及 220 个国家和地区的全球网络相结合。④资源共享与服务提升。通过合作，顺丰速运获得了 UPS 的货机资源、基础设施，以及专业运营团队的支持，从而拓展了国际航线选择，增强了向美国及其他海外城市的配送能力。同时，UPS 也能够利用顺丰速运覆盖中国的强大递送网络和广泛市场，从而实现双赢。

2. 京东

京东集团在构建其跨境电商物流体系时，采取了直接采购海外商品的策略，将其作为进入市场的第一步。京东充分利用其在国内建立的物流网络，在韩国尝试建立了自营的海外仓库。此外，京东还与多家国际物流巨头建立了合作伙伴关系，包括澳大利亚邮政、俄罗斯的 SPSR Express（商业物流公司）、德国的 DHL（敦豪集团，邮递和物流集团）及日本的雅玛多运输公司等，从而扩展其跨境物流网络，服务范围覆盖超过 50 个国家和地区。

京东物流正在与多个运输和物流行业的合作伙伴携手合作，共同推动全球智能供应链基础网络的建设。这一战略秉承"短链、智能化、共同生长"的 3S 理念，致力于打造一个全面开放的平台，作为连接人、商品和市场的基础设施网络。京东物流的目标是通过减少货物搬运次数和降低整个供应链的运营成本，促进商业的持续增长。

此外，京东物流提出了"双 48 小时"的物流目标。第一个"48"指的是实现从中国到全球任何国家或地区，或从任何国家或地区到中国的货物运输在 48 小时内完成。第二个"48"指的是在中国或其他国家/地区内部，实现货物在 48 小时内送达目的地。这一目标旨在助力中国制造业的商品走向世界，同时让全球的商品更便捷地进入中国市场。

3. 阿里巴巴

阿里巴巴集团创建了菜鸟网络科技有限公司（以下简称"菜鸟网络"），旨在通过数据流动性、智能化服务和高效的协同作业，将众多不同的物流服务提供商整合到一个智能物流平台上。该公司采用的轻资产模式具有资本占用少、对大数据分析和预测能力强等优势。然而，这种模式也存在一定的不足，尤其是在高峰期（如"双十一"购物节期间），物流服务质量可能参差不齐，从而导致订单积压，影响消费者体验。为提升物流控制力，菜鸟网络已在全国范围内建立了七大区域性枢纽。这些枢纽配备了数百个地方仓库、城市仓库以及末端配送站点和驿站，分布在华北、华东、华南、华中、西南、西北和东北等区域。它们形成了主次节点相互促进的行业示范效应，各自承担着仓储、转运、保税进口和出口集货等多种物流任务。

借鉴国内电商物流系统建设的经验，菜鸟网络在跨境物流系统建设上持续发挥其资源整合优势。它与新加坡邮政、澳大利亚邮政、巴西邮政等建立了战略合作伙伴关系，并通过对新加坡邮政的投资，共享了广泛的国际邮政资源。截至 2019 年底，菜鸟网络已与 89 家跨境物流合作伙伴建立了合作关系，这些合作伙伴包括中通、圆通、EMS 等。其物流服务网络已扩展至全球 224 个国家和地区，并拥有 231 个跨境仓库，成功构建了一个具备全球配送服务能力的跨境物流网络。

4. 亚马逊

亚马逊公司以其"以客户为中心"的经营理念为基础，致力于实现顾客以最低成本快速获取商品的目标。为此，亚马逊建立了自己的物流网络系统，不仅服务于自家零售商品的配送，也向第三方卖家提供集中的仓储和物流服务。截至 2019 年 12 月底，亚马逊在全球超过 20 个国家或地区设立了业务，拥有 175 个运营中心和 40 多个分拣中心，其服务覆盖了 185 个国家或地区的商品配送。

亚马逊特别成功的一项服务是其仓储服务（Fulfillment by Amazon，简称 FBA）。FBA 服务的便利性在于，卖家只需将订单信息发送给亚马逊，随后库存管理、商品包装和配送等任务均由亚马逊接手。这不仅方便了顾客的收货和物流跟踪，也帮助卖家有效管理库存和物流成本。亚马逊在仓储中还广泛部署了 Kiva 机器人，这些机器人能够自动将商品货架移动到拣货员面前。这一创新将传统的"人找货"仓储模式转变为"货找人"，极大地提升了作业效率，使其达到传统模式的 2 到 4 倍，同时将拣货准确率提高 99.99%。

此外，亚马逊还利用大数据分析技术优化配送流程。智能系统通过分析订单的地理分布，计算出最优配送路线，从而更科学、高效地规划配送任务，进一步提升配送效率和准确性。

5. 递四方速递

与电商巨头阿里巴巴、亚马逊和京东相比，递四方速递（4PX Express）虽然规模较小，但通过早期布局海外仓库模式，建立了与跨境电商平台相兼容的信息系统，形成了自身的竞争优势。递四方速递利用其海外仓储的成熟资源，成功融入了 eBay（美国线上拍卖及购物网站）、速卖通、亚马逊等大型电商平台的商业生态，成为这些系统中的关键组成部分。这些电商平台的商业模式具有非绑定性、长尾效应，以及多边平台的复合特性。递四方速递还展现了其资源整合的灵活性，例如，利用亚马逊的海运或空运服务作为货物运输的头程，从而有效利用亚马逊的运输资源。在阿里巴巴和亚马逊等公司无法直接合作的情况下，递四方速递扮演了重要的资源中转角色。

递四方速递目前提供了一套完整的国内跨境电商物流服务产品，这些产品分为三大类，涵盖超过 50 种物流服务和解决方案。服务内容包括从中国直接发货、全球仓库发货服务及双向物流解决方案，确保商品能够顺利到达目的地，并能够被退回至起始地点。

第二节　跨境电商物流的主要方式与特征

一、跨境电子商务物流方式概览

（一）邮政小包裹服务

邮政小包作为跨境电商的主要物流配送方式，其优势在于通过万国邮政联盟这一国际邮政合作机制实现低成本邮寄。万国邮政联盟的成员国之间采用低成本结算方式，使得邮政小包的物流成本相对较低，从而具有显著的价格竞争优势。特别是在重量方面，2 千克以内的包裹通常按照函件价格进行结算，进一步提升了跨境电商产品的价格吸引力。

此外，万国邮政联盟成员国之间的海关清关流程相对简便，大大提高了邮政包裹的清关效率，降低了产生关税或被退回的风险。与此同时，邮政网络的覆盖范围极为广泛，目前已覆盖全球 200 多个国家和地区，超越了任何其他物流渠道。这种广泛的网络覆盖确保了邮政小包几乎能够送达所有目的地。

邮政小包凭借价格优势、清关便捷和覆盖面广等特点，已成为跨境电商物流配送的理想选择。

（二）商业快递服务

商业快递行业的四大巨头——UPS、FedEx（联邦快递）、DHL 和 TNT（荷兰快递服务商）均为跨国快递公司中的佼佼者。它们凭借高效、安全、专业和可靠的服务赢得了广泛认可。在清关方面，这些公司展现出强大的能力，能够实现全程追踪包裹并提供即时信息服务，真正实现门到门的便捷物流服务。

但商业快递也存在一些明显的不足。由于清关政策的限制，仿牌商品、含电池的特殊商品等往往无法通过快递渠道运输，这在一定程度上限制了商业快递在跨境电商物流中的应用范围。此外，价格过高一直是商业快递的短板，对于许多海外消费者来说，可选择的物流方式相对有限。因此，尽管商业快递具有诸多优势，但在跨境电商物流市场中，其市场份额仍然相对较小。

（三）专线物流服务

专线物流是跨境电商物流中的重要形式，主要分为两种类型：跨境电商平台提供的海外专线和第三方物流企业运营的海外专线。这些专线物流通常设有出口仓库，负责在仓库内对物品进行整理、拣选、配货和包装。它们采用航空集中托运的方式，根据货物的目的地统一订购飞机舱位，并对货物进行统一分拣和发货。在目的国家或地区，专线物流则通过当地的邮政系统完成货物的投递。

专线物流的运作主要依赖于发件国或地区与收件国或地区之间的业务量规模。在此基础上，业内普遍采用的专线物流包括美国专线、西班牙专线、澳大利亚专线、俄罗斯专线、中东专线、南美专线及南非专线等。这些专线物流为跨境电商提供了高效、便捷的物流服务，确保货物能够安全、快速地送达目标市场。

（四）海外仓模式

"海外仓"，顾名思义，是指在海外设立的仓储设施，可通过独立建设、租赁或与合作伙伴共建等方式实现。其运作模式为：提前将货物运送至这些仓库进行存储，当买家在线下单后，商家即可迅速从当地的海外仓发货。这种物流模式既可以由电商企业自营，也可以通过外包形式进行经营管理，以满足电商企业的多样化需求。

通过海外仓，商家能够避开货物运输的高峰时段，并选择成本更为经济的运输方式，从而有效降低物流成本。此外，在配送过程中，快速且安全的物流服务能够显著提升买家的满意度，增强跨境电商企业的市场竞争力。

相较于传统的国际物流方式，海外仓模式具有显著的优势。它有效解决了传统物流中配送时间过长、成本高昂、包裹安全性不足、商品退换困难及通关障碍较多等问题。因此，海外仓正成为跨境电商物流领域备受青睐的高效发展模式。

（五）其他物流渠道

除了上述物流方式，电商平台自营物流和仓储集货服务也是颇具代表性的物流渠道。以亚马逊为例，其平台给卖家开放，将卖家的库存纳入其全球物流网络，提供从仓储、拣货、打包到配送、收款、客服及退货处理等一站式物流服务，并通过这些服务收取相应的费用。仓储集货服务则类似于邮局的信件处理方式，当同一地区或城市的订单累积到一定数量后，再集中装运发货，抵达目的地的分发中心后进行派送。

各种物流渠道各有其独特之处。邮政小包因其较低的费用、简便的手续、广泛的网络覆盖和强大的清关能力，受到各方青睐，但其速度较慢且风险较高。商业快递以快捷的速度、规范的作业流程和强大的物流跟踪能力著称，但价格较高。专线物流在价格上接近邮政小包，时效性与商业快递相近，同时提供全程信息跟踪服务，使其性价比极高。海外仓由于接近终端市场，具有极快的交货速度、低风险和较低的费用，能提供丰富的产品选择和优质的售后服务，但目的国的仓储运营成本和初期投资均较高。

二、跨境电商物流的特征

跨境电商物流在快速发展中，为满足多样化的需求，涌现出了多种物流服务形式。其中，邮政小包、商业快递、专线物流和海外仓成为企业首选的物流方式。与传统物流相比，跨境电商物流呈现出以下鲜明特点：

第一，物流速度日益快捷化。跨境电商对物流响应速度的要求极高，因此物流前置时间和配送时间间隔不断缩短，商品周转和配送效率显著提升。

第二，物流功能趋于集成化。跨境电商物流注重将物流与供应链的各个环节紧密结合，包括物流渠道与产品渠道的融合、不同物流渠道间的整合，以及物流环节和功能的集成，从而形成高效协同的物流体系。

第三，物流作业趋向规范化。跨境电商物流注重作业流程的标准化和可量化，通过制定统一的物流订单处理模板和管理标准，使复杂的物流操作变得更加简化、高效且便于考核。

第四，物流信息实现电子化。跨境电商物流充分利用信息化技术，实现订单处理和信息处理的系统化与电子化。通过ERP（Enterprise Resource Planning，企业资源计划）等信息系统，对物流订单进行标准化处理，对物流仓储进行高效管理，并对物流渠道的成本、时效和安全性进行关键绩效指标的考核，从而实现对物流过程的有效监控与风险控制。ERP信息系统不仅可以完成标准化的物流订单处理和物流仓储管理，还能帮助企业对物流渠道的成本、时效和安全性进行精准的关键绩效指标考核，同时在物流仓储管理过程中对库存积压、产品延迟到货及以物流配送不及时等问题进行有效的风险管控。

第三节　跨境电商物流优劣势剖析

一、跨境电商物流优势解读

近年来，我国跨境电商行业呈现出蓬勃发展的态势。根据电子商务研究中心的权威数据显示，2023年中国电子商务市场规模达50.57万亿元，较2022年的47.57万亿元同比增长6.31%。此外，2019-2022年国内电商市场规模（增速）分别为35.63万亿元（9.46%）、38.16万亿元（7.1%）、42.13万亿元（10.4%）、47.57万亿元（12.9%）。其中，2023年我国跨境电商市场规模16.85万亿元 同比增长7.32%。

这一迅猛的发展势头为我国跨境电商物流的崛起奠定了坚实的基础，并为其未来更大规模的拓展提供了强有力的支撑。

值得一提的是，2013 年，中国海关正式启动了跨境贸易电商服务试点。这不仅标志着我国跨境电商进入了一个新的发展阶段，也为其物流体系的建设提供了明确的政策指引。在这一政策的推动下，跨境电商出口模式得到了广泛推广和应用，为我国产品的多样化出口开辟了新的通道。更多的小微企业借此机会顺利进入跨境电商领域，从而进一步推动了跨境电商物流业务量的快速增长。

二、跨境电商物流劣势探讨

然而，我国跨境电商物流在发展过程中也面临一些显著的劣势。首先，物流成本相对较高。由于跨境电商物流服务涉及从国内到国际的业务扩展，整个物流链条更加复杂，环节众多。尤其是在海关检查环节，不可控因素较多，操作难度较大，这无疑增加了物流运输的成本。高成本不仅影响了企业的盈利能力，也在一定程度上制约了跨境电商物流的发展速度。

其次，物流配送周期较长已成为制约跨境电商发展的重要因素。在跨境电商物流中，交货周期较长、时效性不稳定等问题尤为突出，对消费者的购物体验造成了较大的影响。这主要是由于跨境电商涉及的物流环节更加复杂，其中包括海关清关和检验检疫等不可避免的等待环节。因此，跨境电商物流的平均配送周期通常远长于国内电商物流，这在一定程度上削弱了跨境电商物流的市场竞争力。

最后，物流售后服务仍需进一步完善。在拓展欧美等发达国家市场时，我国跨境电商面临较高的退换货率。由于缺乏强大的物流支持和高效的物流网络，退换货流程变得异常困难。尤其是退换货的物流成本过高，有时甚至超过商品本身的价值，导致许多跨境电商物流企业难以满足消费者的退换货需求。这种售后服务的不足不仅影响了消费者的购物体验，还对跨境电商物流的声誉和长期发展带来了负面影响。

三、跨境电商物流机遇探索

自 2013 年以来，国内电商巨头如阿里巴巴、京东等相继进军海外市场，积累了丰富的跨境电商运营经验，为跨境电商物流的发展提供了广阔的空间。一方面，发达国家在跨境电商物流方面的成熟经验为我国相关行业提供了宝贵的经验。例如，欧美等发达国家在退换货处理机制上的先进做法，正是我国跨境电商物流目前所缺乏的。随着国外电商物流企业进入中国市场，他们在优化消费者退换货体验方面的实践为我国提供了学习的机会。实际上，国内的跨境电商物流企业已经开始积极尝试通过海外仓业务模式，来应对物流成本高、配送时效不稳定及退换货服务不足等问题，并已取得了显著成效。

另一方面，国家政策的支持为跨境电商物流带来了宝贵的发展机遇。政策鼓励企业"走出去"，在"一带一路"沿线的重要城市及经贸合作区建设物流中心和保税仓，同时推动企业设立海外仓。这些举措不仅可以弥补跨境电商物流在仓储方面的短板，还能有效降低物流成本。此外，国家政策还积极支持国内跨境电商物流企业与外资合作，引进先进的服务理念和技术，从而提升我国跨境电商物流的服务能力和整体水平。可以预见，随着这些政策措施的逐步落实，我国跨境电商物流行业将迎来更加成熟与繁荣的发展阶段。

四、跨境电商物流挑战分析

当前，我国跨境电商物流面临两大主要挑战。首先，国际物流企业之间的竞争日趋激烈。随着这些企业在中国市场的业务不断扩张及本土化战略的深入实施，它们已经在中国建立了庞大的物流网络，发展速度甚至超越了许多本土跨境电商物流企业。例如，像 FedEx 这样的国际快递巨头已经在中国的 220 个城市开展业务，其直飞中国的航班数量也遥遥领先。这些国际物流企业凭借强大的实力和市场占有率，不仅对国内跨境电商物流行业构成了巨大的竞争压力，还增加了本土企业向外扩张的难度。

其次，全球贸易摩擦的频繁发生也给跨境电商物流带来了不小的挑战。在这种背景下，进出口商品的关税增加和成本上升，导致商品市场价格急剧攀升。市场价格的上涨又会反过来影响消费者的购买需求，从而可能导致跨境电商物流规模的缩减。这种形势充分体现了我国对外贸易面临的严峻性，同时也对跨境电商物流的发展构成了严重阻碍。

面对这些挑战，我国跨境电商物流企业需要积极应对，通过提升服务质量、降低运营成本、加强国际合作等方式来增强自身竞争力，以应对激烈的市场竞争和复杂多变的国际环境。

第四节　跨境电商物流发展导向

一、打造优质的跨境电商物流产业生态

跨境电商物流在清关和退换货方面所面临的困境，其核心问题在于海关管理、政策规定及流程的复杂性。因此，行业管理部门亟须进行政策创新，在保障国家利益与维护海关秩序的同时，简化进出口通关流程，从而提升跨境电商物流的效率和效益。跨境电商政策涉及贸易、竞争和产业等多个层面，因此，实施多目标协同的跨境电商政策至关重要。通过这一举措，可以构建一个公平竞争的跨境电商物流市场环境，使企业在充分竞争中不断创新、优化和完善。这将推动企业形成自组织、自适应、自我革新的成长机制，从而促进跨境电商物流的健康发展。

同时，我们鼓励跨境电商物流企业通过竞争、淘汰、兼并和重组等方式，实现规模化和专业化发展。这将有助于淘汰不规范、不诚信的小微企业，减少资源重复配置的现象。通过市场机制，我们可以优化跨境电商物流行业的资源配置，提高资源利用效率。此外，加强对跨境电商物流行业的市场监管，完善相关法律法规，也是确保市场公平竞争、保护各方权益的重要举措。

二、跨境电商物流模式的创新与拓展

物流联盟作为一种创新的合作形式，为跨境电商物流的发展开辟了新的路径。这种联盟是由两家或多家物流相关企业通过协议或契约建立的稳定合作关系，旨在实现比单独运营更高的效率和效益。这种联盟不仅涵盖了横向物流企业之间的协作，还包括供应链上下游节点之间的垂直联盟。

通过物流联盟，跨境电商企业能够有效降低市场交易成本，结合市场、联盟及企业自身的优势，实现整体效益的最大化。同时，物流联盟还增强了企业应对多变国际环境的能力，降低了经营风险。

更重要的是，物流联盟有助于解决当前跨境电商物流面临的诸多难题，如环节多、交期长、清关难、成本高等问题。物流联盟的出现优化了跨境电商物流的整体格局，提升了服务水平，为消费者提供了更加高效、便捷的购物体验。

因此，通过物流联盟的形式，创新并丰富跨境电商物流模式，将成为未来跨境电商物流发展的重要方向之一。这种新型合作模式不仅将推动跨境电商物流行业的健康发展，还将为企业创造更多商业机会。

三、跨境电商物流服务项目的精心策划与升级

与国内电商物流相比，跨境电商物流的服务链条更为复杂，操作难度更大，且对专业性的要求更高。因此，客户对增值服务的需求也更加迫切。在实际操作中，跨境电商物流客户往往期望物流企业能够提供全方位的服务，特别是在面对一些自身不擅长的专业任务时，他们更希望将这些任务以"一站式"方式外包给专业的物流服务商。

但受限于自身的实力和经济基础，许多跨境电商物流企业难以提供客户所需的所有服务。考虑到不同国家和地区在经济、技术等方面的差异，为了确保跨境电商物流任务的顺利、高效完成，需要境内、境外各物流子系统之间的协调与同步，同时还需要多元化的物流增值服务作为支撑。而这些增值服务的开发与设计，正是跨境电商物流企业需要面对的挑战与机遇。

在跨境电商物流的复杂背景下，我们必须充分考虑客户需求的多样性和层次性。物流服务项目的设计不仅要满足客户的基本需求，还需针对物流过程中的难点、焦点和热点问题进行整体规划和设计。例如，如何解决物流成本高、交付周期长、退换货难等问题，可以作为服务项目设计的重点方向。通过精心策划并升级跨境电商物流服务项目，我们能够为客户提供更加精准、高效、专业的服务，从而赢得客户的信任与支持，推动跨境电商物流行业的持续发展。

四、构建具备全球视野的跨境电商物流网络

跨境电商的经营模式突破了国界与地域的限制，预示着其未来的覆盖范围将遍布全球，服务对象也将涵盖各个经济体。因此，从长远规划的角度出发，我们应致力于构建一个具有全球化视野的跨境电商物流网络。

但构建这样一个物流网络并非易事，我们面临着地域范围广泛、跨度巨大、操作难度高及潜在风险多等诸多挑战。同时，企业若选择自建物流体系，需要承担巨大的投资压力。根据资源基础理论，自建物流体系可能导致社会资源配置的不合理与低效，进而造成资源浪费。

因此，我们可以采用整合思维，即通过整合企业内外、行业内外及国内外的物流资源或子体系，构建一个具备全球视野的跨境电商物流网络。这种整合方式不仅可以有效解决"散、小、乱、差"的问题，提升跨境电商物流的整体效率与服务水平，还能够推动跨境电商物流产业的升级与发展。通过构建这样一个物流网络，我们可以为全球客户提供更加高效、便捷且优质的跨境电商物流服务。

五、强化跨境电商物流的信息化建设

跨境电商物流中备受诟病的"过程黑箱"问题，是许多问题的根源所在。由于跨境电商物流涉及全球范围，各国和地区在经济发展水平、电子商务技术、物流技术和管理方式等方面存在较大的差异，因此，解决物流追踪难的问题需要因地制宜，采取多种渠道、途径和方法。特别是针对那些非主流语言国家或经济欠发达地区，我们需要积极探索物流信息追踪的突破点和创新路径。

如果单纯从技术上难以解决所有问题，那么我们可以考虑将技术创新与管理创新相结合，探索物流信息追踪的新方法，从而消除物流信息的盲点。同时，跨境电商物流企业也应积极提升自身物流网络的信息化水平，使物流过程更加透明。这不仅有助于提高跨境电商物流的服务质量，降低货损、丢包、调包及交付期延长等问题的发生概率和风险，还能有效减轻退换货的压力，进而提升跨境电商物流服务的整体质量。

六、在"一带一路"倡议引领下的跨境电商物流发展

"一带一路"倡议的构想主要基于当前我国对外经贸活动日益频繁、发展速度迅猛的现状。通过促进基础设施建设、能源开发、投资贸易等领域的深度融合,该倡议皆在满足"一带一路"合作伙伴在经济体制建设及基础设施建设方面的产业结构调整需求。这一倡议不仅构建了涵盖多国、多产业类型的资源保障体系及产业分工体系,而且其覆盖范围广,涉及能源、经贸、金融、交通、电力等多个行业的协调建设。同时,加强"一带一路"背景下的多行业领域合作,有助于促进各国相同产业间的经验分享与相互支持,推动经济共同体的建设。

自 2015 年起,我国对"一带一路"倡议的重要性认识日益深化,相关产业的发展及战略实施工作得以有序推进。2015 年 3 月,在博鳌亚洲论坛上,国家主席习近平发表了关于"一带一路"倡议的演讲,明确了倡议的建设愿景,并制定了相关政策文件。同年,发改委、外交部和商务部联合发布了《推动共建丝绸之路经济带和 21 世纪海上丝绸之路的愿景与行动》,为倡议的实施提供了指导性框架。

目前,我国与"一带一路"沿线国家和地区的经贸往来日益频繁。在这一政策的支持下,双边贸易额持续增长,出口规模逐年扩大。作为一个双赢的发展倡议,"一带一路"不仅提升了我国对外贸易的活跃度,也为与外贸紧密相关的行业,如电子商务和跨境物流,带来了前所未有的发展机遇。因此,在"一带一路"背景下,构建高效的跨境电商物流体系具有重要的现实意义,对我国对外经贸倡议的推进具有重要的协同作用。

随着"一带一路"倡议的深入推进,跨境电商作为电子商务产业的重要发展趋势,对物流路径的建设提出了更高的要求。跨境电商物流问题已成为制约我国物流业发展的关键因素。随着跨境电商贸易活动的持续增加,我国对跨境电商物流体系建设的需求也将不断上升。因此,完善我国传统跨境电商物流体系中的不足,不仅有助于我国物流产业及相关产业的健康发展,也契合"一带一路"倡议实施过程中的实际需求。然而,当前我国跨境电商物流与实际电商需求之间仍存在一定的不匹配,主要表现在以下几个方面:

（一）跨境物流体系有待优化

当前跨境物流体系存在一定的不合理之处，主要表现在跨境物流基础设施尚不完善。由于跨境电商物流的复杂性及运输过程中的诸多制约因素，实现物流体系的高效运转亟须建立高效的管理机制并引入先进的物流设备。然而，我国跨境电商物流发展时间较短，缺乏足够的经验，与跨境物流体系建设的协调发展存在一定矛盾。同时，我国在跨境海运、空运等基础设施方面仍然薄弱，需加大配套设施建设力度，以满足跨境电商物流体系协调发展的实际需求。

（二）跨境电商物流体系信息化水平有待提高

在跨境物流中的境外物流环节，信息化建设仍存在诸多不足。尽管我国境内物流的信息化程度较高，能够实现订单运输情况的实时跟踪，但在境外运输环节，物流体系的信息化建设尚无法完全满足信息追踪等需求。因此，我国跨境电商物流体系的建设需进一步适应多元化的信息查询需求，并加强跨境商务交流与物流信息技术之间的合作。借鉴欧美国家在跨境电商物流方面的先进经验，将有助于我们弥补我国跨境电商物流体系建设中的不足。

（三）跨境物流人才短缺问题亟待解决

跨境电商物流对人才的需求与传统电商及物流行业存在一定差异。目前，跨境电商物流人才不仅需要具备传统物流行业的相关认知，还需掌握电商跨境贸易环境下的专业知识。高校和职业院校应重视这一人才培养目标，完善人才培养机制和课程体系，优化人才培养模式，以更好地满足行业实际需求。同时，强化物流企业与院校之间的深度合作，将有助于为"一带一路"背景下的跨境电商物流体系建设提供更具针对性的人才支持。

"一带一路"背景下，我国跨境电商物流仍面临诸多挑战。为满足实际需求并推动相关行业的发展，我国跨境电商物流企业需要持续深入研究和探讨这一问题，不断优化跨境物流体系，提高信息化水平，并加强跨境物流人才的培养和引进。

第二章　跨境电商物流的运作与管控

跨境电商物流是商品从卖家传递至买家的桥梁，通过多样化的运输方式实现跨境空间的转移，并最终完成配送任务。它是跨境电子商务生态系统中不可或缺的一环，为电商交易的实现提供了坚实的物流保障。不同的跨境电商业务模式催生了各具特色的物流运作流程。总体而言，当卖家接收到订单后，会协调物流企业，商品需经过出口地海关与商检、国际运输、进口地海关与商检等环节，最终进入进口地的物流网络，直至商品被送到买家手中。

无论是跨境出口电商还是进口电商业务，都涉及商品的输出、国际运输和输入环节。因此，跨境电商物流的运作流程可以细分为输出地物流运作、国际段物流运作和输入地物流运作三个主要部分。每个部分都有其独特的运作流程和关键节点。

一、输出地物流运作流程

从商品流动的角度来看，输出地物流运作是跨境电商物流的第一步，涵盖从供应商到跨境电商企业，再到海关的整个过程，如图2-1所示。在这一流程中，关键节点包括供应商的仓储管理、商品从供应商到跨境电商企业的运输安排、跨境电商企业内部的仓储与分拣工作、商品从电商企业到海关的物流调配，以及在海关进行的报关与报检程序。值得注意的是，与国内电商物流相比，跨境电商物流的最大区别在于商品的跨境属性。商品需要通过海关的严格检查，进出口方式将直接影响跨境物流的运作方式和复杂程度。

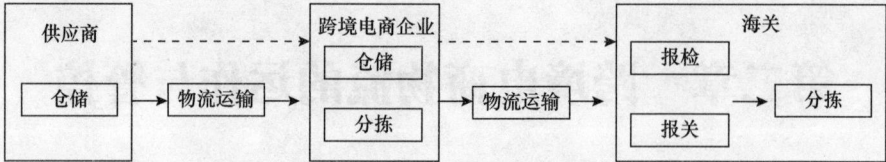

图 2-1　输出地物流运作流程

二、国际段物流运作流程

当商品完成输出地的物流流程后，它将通过海路、陆路或航空运输出境，进入国际段物流运作环节。这一环节涉及多种运输方式，如海运、空运、公路运输、铁路运输或多种运输方式相结合的国际多式联运等。跨境商品交易涉及的国家不同，运输方式和路线也会有所变化。在跨国运输过程中，不仅需要应对复杂的国际物流环境，还要确保商品的安全性和完好性。

当商品抵达目的地海关时，跨境电商企业需要再次进行报关与报检工作。这些程序对于商品能否顺利入境至关重要。企业需要准备相应的文件和信息，如发票、装箱单、合同等，以便海关能够对商品进行准确的识别和审查。一旦商品通过目的地海关的检查，便可进入后续的物流运作流程，最终送达消费者手中，如图 2-2 所示。

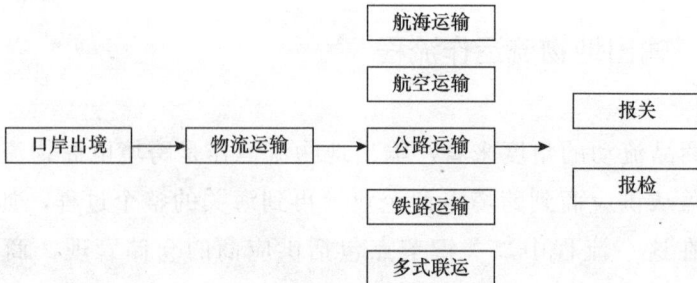

图 2-2　国际段物流运作流程

三、输入地物流运作流程

商品成功通过输入地海关后，便进入输入地物流运作环节。在这一阶段，首先需在海关分拣中心对商品进行细致的分拣工作，随后将其运送至输入地物流承运企业的仓储中心。在此阶段，商品会根据消费者的具体所在地再次分拣，并启动后续的物流运输流程。

与国内电商物流相似，跨境电商物流的最后一环也是配送，即将商品安全、准时地送达消费者手中。这一环节标志着跨境电商物流所有运作流程的圆满完成。整个输入地物流运作流程均发生在消费者所在国境内，对于跨境电商企业而言，这部分物流流程也可以称为输入国物流流程，如图 2-3 所示。

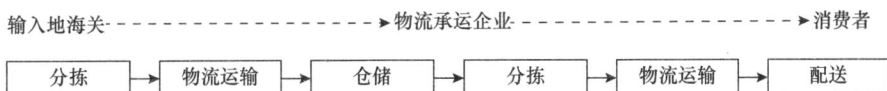

输入地海关 - - - - - - - - - - - - - - - ▶物流承运企业- - - - - - - - - - - - - - - ▶消费者

| 分拣 | → | 物流运输 | → | 仓储 | → | 分拣 | → | 物流运输 | → | 配送 |

图 2-3　输入国物流运作流程

第二节　跨境电商物流企业类型

一、跨境电商物流企业的主要类型

在跨境电商物流行业快速发展的过程中，各类企业纷纷涌现。它们根据电商交易的需求和特点，形成了多样化的业务模式。这些企业不仅扩大了自身的业务范围、提升了市场占有率，还推动了整个跨境电商物流市场的繁荣。

具体来说，跨境电商物流企业大致可以划分为以下几类：

第一，传统零售企业。这些企业凭借丰富的经验和庞大的业务量，逐渐建立了自己的跨境物流网络。通过跨境电商业务的拓展，它们进一步巩固了市场地位。例如，沃尔玛、家得宝，以及法国电商平台 Cdiscount 等企业，利用自身的品牌优势和资源优势，在跨境物流领域取得了显著的成绩。

第二，传统交通运输业和邮政业的企业凭借在物流领域的深厚底蕴和广泛网络，积极进军跨境物流市场。例如，中国远洋运输（集团）总公司（简称"中远集团"）、中国国际海运集装箱（集团）股份有限公司(简称"中集集团")、马士基公司及万国邮政联盟等,通过提供高效、可靠的跨境物流服务,满足了跨境电商多样化的需求。

第三,大型制造企业或传统行业的大型企业也是跨境物流市场的重要参与者。这些企业通常拥有完善的物流体系和丰富的资源。随着自身跨境电商业务的扩展,它们开始涉足跨境物流领域。例如,海尔物流和安得物流等企业通过整合内部和外部资源,显著提升了跨境物流服务的水平和效率。

第四,传统电商企业同样是跨境物流市场的重要力量。这些企业在国内市场已建立了完善的物流体系,并积累了丰富的经验。随着跨境电商业务的不断拓展,它们纷纷将物流体系延伸至跨境领域。例如,京东物流和阿里巴巴旗下的菜鸟网络通过自建跨境物流网络,为电商卖家和消费者提供了更加便捷、高效的物流服务。

第五,传统快递企业也不甘落后,纷纷介入跨境物流业务。例如,UPS、FedEx及国内的顺丰速运、申通快递等企业,凭借其在快递领域的专业优势,为跨境电商提供了快速且安全的物流服务。

第六,还有一些新兴的跨境物流企业专注于跨境物流市场,以创新的业务模式和高效的服务赢得市场认可。例如,俄速通、递四方速递、出口易等企业通过提供定制化、个性化的物流解决方案,满足了跨境电商的多元化需求。

二、跨境电商物流的典型企业

(一)递四方速递——跨境电商物流领域的佼佼者

1. 公司概览

递四方速递是一家在跨境电商物流领域享有盛誉的专业物流方案提供商。公司凭借丰富的行业经验和先进的物流技术,为全球电商卖家提供多元化且全方位的物流服务。其业务范围覆盖全球多个国家和地区,能够满足不同规模和需求的电商客户的物流要求。

递四方速递提供3大类、50余种物流产品和服务,覆盖物流和仓储服务的各个方面,同时还能为电商客户提供反向物流解决方案。

其核心产品包括全球仓储及订单履约服务、全球小包专线服务、全球速递专线服务、全球退货服务，以及面向消费者的全球集货转运服务等。这些服务共同构建了递四方速递完善的物流体系，为电商客户的全球业务拓展提供了强有力的支持。

值得一提的是，递四方速递在2016年获得了阿里巴巴集团旗下菜鸟网络的投资，成为阿里巴巴"买全球、卖全球"战略的核心物流合作伙伴。这一合作不仅提升了递四方速递的品牌影响力，也为其带来了更多的业务机会和发展空间。

2．跨境电商物流运作模式解析

（1）海外仓储模式。递四方速递在全球多个国家和地区设有海外仓库，这些仓库采用先进的管理系统，为电商客户提供一站式物流仓储服务。商家只需将商品寄存在递四方速递的海外仓库，公司便会负责包括入库质检、货物上架、库存管理、订单接收、订单分拣、订单复核及多渠道发货在内的全部物流操作。此外，递四方速递还提供全球退货服务，帮助商家实现退货的高效管理与准确操作，从而降低运营成本并提升国际销售竞争力。

（2）国际商业快递和国际邮政小包模式。递四方速递通过与DHL、FedEx、UPS等国际快递公司，以及新加坡邮政、中国邮政等国际邮政公司合作，实现完整的物流配送。其邮政小包服务主要针对小件物品，具有运输时效短、成本适中的特点。

（3）集货转运模式。递四方速递利用自身在海外的优势资源，采用集货转运模式，将同一国家或地区的货物集中运往海外，再由当地代理商负责转运至各个目的地。这种模式大幅提升了配送时效，本土配送速度也能保持在较短时间内，为跨境电商卖家提供了显著的竞争优势。

在不断优化跨境电商物流运作模式的同时，递四方速递也开始涉足金融行业，提供金融增值服务，包括保险服务和保价服务，为电商客户提供了更全面的保障。

（二）出口易——跨境电商物流服务的领军者

1.公司概览

出口易作为广州市贝法易信息科技有限公司的一部分，专注于提供全面的跨境物流解决方案，服务全球电商卖家。该公司以全球仓储服务为核心，整合世界各地的物流资源，为跨境电商提供包括海外仓储、FBA（Fulfillment by Amazon，亚马逊提供的一种物流服务）头程服务、国际专线、国际小包和国际快递等多种物流服务。此外，出口易还提供本地化的售前售后服务，帮助客户解决订单管理和金融融资等问题。

自 2003 年成立以来，出口易最初通过 eBay 平台开展国际 B2C 业务，随后逐步扩展，在英国、美国和澳大利亚等国家建立了海外仓库，以增强其跨国 B2C 业务能力。随着业务的不断升级和发展，出口易已成为亚马逊、Wish（商户平台）、AliExpress（全球速卖通）、京东和 Shopee 等知名电商平台认可并优先推荐的海外仓储与配送服务提供商。

截至 2016 年底，出口易已在全球五大主要外贸市场——英国、美国、德国、澳大利亚和加拿大建立了自营的海外仓储物流中心。同时，该公司还在我国的香港、广州、深圳和上海等关键城市设立了处理中心。通过自主开通的多条国际专线服务，出口易的业务范围已扩展至全球多个国家和地区。

2．跨境电商物流运作模式解析

（1）自建海外仓储模式。出口易在全球多个地区建立了自营仓储物流中心，依托先进的信息系统和数据库技术，为卖家提供精准的需求预测和库存规划服务。卖家可提前将商品存放至目标市场的海外仓库，从而实现快速响应与本地化配送。这一模式不仅提升了物流效率，还显著增强了客户体验。

（2）国际专线物流模式。出口易创新性地推出了多条国际专线服务，如英国、美国、德国等，覆盖全球多个国家和地区。这些专线采用航空运输方式，确保了运输的高效性和可控性。同时，出口易还提供退换货服务和供应链金融等增值服务，为卖家提供全方位的物流支持。

（3）邮政包裹与国际商业快递模式。在邮政包裹和国际商业快递方面，出口易通过与货代公司、代理公司及当地物流配送公司的紧密合作，实现了资源的优化配置与高效整合。这种模式确保了物流服务的专业性和可靠性，能够满足不同卖家的多样化需求。

（4）定制物流方案与亚马逊物流解决方案。出口易深刻理解不同卖家的物流需求，能够为客户提供定制化的全程物流方案。从成本优化到效率提升，从出口退税到运输保险，出口易均能提供一站式服务。针对亚马逊平台的卖家，出口易还提供了专业的 FBA 头程和商家自发货物流服务，帮助卖家解决订单管理和融资等难题。

第三节 跨境电商物流核心环节

从纵向视角来看，跨境电商物流构成了一个完整的供应链闭环，涵盖从商品采购，到入库管理、仓储储存、包装与运输，直至最终配送至消费者手中，其中还包括支付处理、报关报检、售后服务等多个关键环节。这些环节相互衔接，共同构建了一个高效且复杂的跨境物流网络体系。

从横向视角来看，跨境电商物流涉及多个地域和环节的协同作业。这包括卖家所在地的物流操作，确保货物能够准时、安全地发出；出境时的海关检查和商检流程，确保货物符合进出口规定；国际物流环节，负责跨国界的货物运输；入境时的海关检查和商检，确保货物顺利进入目标市场；以及买家所在地的物流配送，将货物送到消费者手中。这些环节共同构成了跨境电商物流的完整流程。

一、集货

集货是跨境电商物流流程中的关键环节，主要承担将分散、小批量货物进行有效汇集的任务。通过设立集货中心，企业可以对这些货物进行统一处理，从而将它们转化为适合批量运输的形式。这一过程不仅有助于提高运输效率，还能显著降低成本，实现高效率、大批量的物流运作。因此，集货不仅是运输和配送工作的基础，更是确保整个跨境电商物流体系高效、稳定运行的重要保障。

二、仓储

仓储在狭义上可以理解为一种静态的储存和保管过程，仿佛一个平静的水池，默默地在仓库等场所承载着各种物品的安放沉淀。从广义上看，仓储展现出其动态和活力的一面。它不仅是一个储存空间，更是一个充满活力和创造力的环节。在这个过程中，物品不仅得到了妥善保管，还经历了分拣、组合、装卸、搬运、流通、加工等一系列增值服务，宛如江河般流动不息，为整个物流体系注入了源源不断的动力。

仓储环节在跨境电商物流中扮演着举足轻重的角色。它不仅是货物继续运输的保障，更是为货主在生产、交换、流通、消费等各个环节提供有力支持的关键所在。一个高质量、高效率的仓储体系，如同一块稳固的基石，为跨境电商物流的质量和效率提供了坚实的保障。仓储不仅能够确保物品的安全存储，还能通过一系列增值服务，为货主提供更加全面、高效的支持，进而提升整个物流体系的竞争力和市场占有率。

三、分拣

分拣作为物流流程中的关键环节，主要负责根据品种及出入库顺序对物品进行分类和堆放。这一环节不仅是完善送货流程、提升送货效率的基础，也是各配送企业在送货过程中提高经济效益的重要手段。根据不同的配送需求，分拣环节可分为配送分拣和寄递分拣两种形式。

（一）配送分拣

配送分拣作为物流配送中心的核心环节，其任务是根据顾客的订单要求或预先制订的配送计划，迅速且精确地从商品的储位或其他存放区域中挑选出所需商品，并按一定规则进行分类与归集。该流程涉及多种拣货方式，每种方式都有其独特的特点和适用场景。

一种方式是订单别拣取，这是一种针对单一订单的拣货方式。分拣人员根据订单上的商品信息和数量，直接从存储区或分拣区挑选所需商品，然后将其集中放置。这种方式操作简单明了，一旦接到订单即可立即开始拣货，前置时间短，责任明确。然而，当订单中的商品种类较多时，分拣人员可能需要走更长的路径来拣选商品，从而影响拣货效率。

另一种方式是批量拣取，它适用于将多张订单合并处理的情况。

通过将多个订单中的商品按品种类别进行汇总，再一次性进行拣货，可以减少拣货时的行走距离，提高单位时间内的拣货量。但这种方式需要等到订单累积到一定数量后才能进行集中处理，因此会产生一定的停滞时间。

为了克服订单别拣取和批量拣取的缺点，复合拣取应运而生。它根据订单的品种、数量以及出库频率等因素，灵活选择适合的拣货方式。对于品种少、数量大或出库频率高的订单，可以采用批量拣取以提高效率；而对于品种多、数量少或出库频率低的订单，则采用订单别拣取以确保准确性和及时性。通过综合运用这两种方式，复合拣取能够在满足客户需求的同时，实现拣货效率的最大化。

（二）寄递分拣

在寄递分拣中，邮政与快递企业根据邮件或快件封面上的地址信息，按照企业内部的分拣路由规则，将邮件或快件逐一分配到相应的格口或码堆中。这一环节确保了邮件或快件能够准确、高效地送达目的地，为邮政与快递服务的顺利进行提供了重要保障。

四、通关

通关，即结关、清关，是指进出口货物和转运货物在进出一国海关关境或国境时，必须完成的一系列海关规定手续。这些手续包括海关申报、查验、征税和放行等。只有当这些手续全部完成后，货物才能放行，这一过程称为通关。同样，运载进出口货物的运输工具在进出境或转运时，也必须向海关申报并办理相关手续，获得海关的放行许可。在通关期间，无论是进口、出口还是转运的货物，都处于海关的严密监管之下，不允许自由流通。

跨境电商的通关流程主要分为传统邮递商品和快件的流程，以及基于海关联网平台的通关流程两种。在当前跨境电商呈现多边化、小批量、高频率、数字化等特征的背景下，B2C、B2B2C（Business to Business to Consumer，网络购物商业模式）甚至C2C（Customer to Customer，个人与个人）模式逐渐成为主流，基于海关联网平台的通关流程也相应成为当前的主要流程。这一流程大致可以分为两个阶段：报关前阶段和正式报关阶段。

以进口商品通关为例，在报关前阶段，跨境电商企业需要事先完成备案工作，包括企业信息和商品信息的备案。当消费者在平台上完成下单和支付后，跨境电商企业和支付企业需要分别将订单信息和支付信息发送至服务平台进行申报。同时，跨境物流企业需要根据订单信息安排物流。如果采用集装箱运输，还需将相应的舱单信息发送至服务平台进行申报。服务平台在收集到这些信息后，会自动生成清单，供具有报关报检资质的企业进行通关申报。

进入正式报关阶段，具有报关报检资质的企业需根据实际情况提供必要的单据来办理申报手续，如表 2-1 所示。如果是个人报关，则需按照进出境个人邮寄物流的相关规定办理征免税手续。当货物抵达海关后，海关会对货物进行查验，核对实际通关货物与单据是否一致。如无误，海关将放行货物。最终，这些货物将由跨境电商企业委托的目的国或地区物流方进行终端运输，并交付至消费者手中。

表 2-1　我国跨境电商不同的通关程序

对照项目	1210	9610	9710	9810
名称对比	保税跨境贸易电子商务	跨境电子商务零售一般进出口	跨境电子商务企业对企业直接出口	跨境电子商务出口海外仓
适用范围	电子商务零售出境商品（限特殊监管区域及保税物流中心）	电子商务零售进出境商品	电子商务 B2B 进出境商品	电子商务 B2B2C 进出境商品
适用主体	（1）电子商务平台企业； （2）消费者（订购人）； （3）特殊区域或场所内的跨境贸易电子商务经营企业； （4）支付企业； （5）物流企业	（1）电子商务平台企业； （2）消费者（订购人）； （3）支付企业； （4）物流企业	（1）电子商务平台企业； （2）跨境电商企业； （3）物流企业等	（1）电子商务平台企业； （2）物流企业； （3）开展出口海外仓业务的跨境电商企业等

对照项目	1210	9610	9710	9810
企业备案	适用主体向所在地海关办理注册登记	适用主体向所在地海关办理注册登记	适用主体向所在地海关办理注册登记	（1）适用主体向所在地海关办理注册登记； （2）向海关开展出口海外仓业务模式备案
出口申报	（1）按一般贸易报关进入海关特殊监管区域； （2）按1210方式出去	（1）三单校验、清单核放、汇总统计； （2）三单校验、清单核放、汇总申报	（1）传输交易订单信息； （2）清单申报或报关单申报	（1）传输交易订单信息； （2）校验跨境电商出口海外仓企业信息表； （3）清单或报关单申报
通关管理	清单核放，转关出口	清单核放，转关出口	（1）报关单模式下适用，全国通关一体化或转关模式出口； （2）清单模式下转关出口	与9710一致
退货监管		出口商品1年内退运进境		（1）1年内退运进境； （2）以企业和商品为单元建立底账数据； （3）退货申报、总量控制

从进口跨境电商通关流程不难看出，第三方综合服务平台承担着信息收集、数据交换、通关服务等综合功能，随着跨境电商的发展，目前已经出现了个别具有更多元化功能的综合服务平台，如部分物流企业在承担境外、境内物流的同时，还具有报关报检、缴纳税款等功能。

五、国际运输

物流运输指的是利用一种或多种交通工具，实现货物跨越国际边界，从一个国家的某一地点运送至另一个国家指定地点的过程。这一过程涵盖了多种运输模式，如国际地面运输（公路和铁路）、国际海运、国际空运，以及多种运输方式联合运用的联运模式。

（一）国际公路运输

国际公路运输特指利用汽车及其他适宜路面行驶的交通工具（有时包括特殊地域使用的畜力车）在不同国家之间进行货物运输的服务。这种运输模式在邻近国家之间尤为适用，适合短途至中距离、小批量货物的快速移动，同时能够弥补水路和铁路运输的不足，特别是在那些难以通过传统方式触及的区域。近年来，随着公路网络的发展和完善，即使是长距离、大规模的货物运输也开始更多地采用公路运输，这得益于其灵活性高、路线适应性强的特点。公路运输的一大优势是能够提供"门到门"服务，直接从发货地点送达收货地点，减少了中间环节和重复装卸，从而提高运输效率。此外，相较于其他运输方式，公路建设周期较短，初始投资较低，且更易于适应不同地理环境的需求，对终端站点设施的要求不高，这也使得公路运输成为连接其他运输方式的理想桥梁。

（二）国际铁路运输

国际铁路货运是指利用跨国铁路网络，通过专门的国际列车班次跨越国界运输货物的一种物流方式。它在长途和大宗货物运输中发挥着核心作用，尤其在缺乏水路运输选项的地区，铁路成为大宗货物运输的重要支柱。作为国际货物运输领域的第二大支柱，仅次于海洋运输，铁路运输不仅承担着大量商品的跨国输送任务，还经常参与海运转运的集散环节，即在港口与内陆之间转运进出口货物。

铁路运输的优势显而易见，其中最突出的特点是其稳定性和时效性。它几乎不受天气状况的影响，能够全年畅通运行。此外，铁路运输的运载能力大、运输速度较快。与其他运输方式相比，铁路运输展现出了更高的运作连续性和较低的运输风险。在手续办理方面，铁路货运比海运更为简便快捷，发货人和收货人可以在距离最近的车站完成货物的托付与提取，从而大幅提升了物流效率。

然而，铁路运输的局限性也不容忽视，主要表现在灵活性较低，仅能在固定的铁路线路上提供服务。这需要与其他运输方式（如公路或航空运输）进行有效衔接，以实现货物的初始收集和最终配送，从而确保物流链的完整性。

（三）国际海洋运输

国际海洋运输是水路运输的重要分支，通过船舶跨越海洋运送货物，是国际贸易中最普及的物流方式，占据了国际货物运输总量80%以上的份额。

1. 优势

海洋运输之所以被广泛采用，主要得益于以下显著优势：

（1）巨大的运载能力。国际海运的广泛应用主要源于其惊人的装载量。与火车、卡车或飞机相比，现代船舶的规模扩张使单次运输量远远超过其他交通工具，成为全球载重量最大的运输方式。这对于全球范围内大规模商品的交换而言，无疑是不可或缺的运输手段。

（2）广泛的可达性。海洋运输依托天然的航道网络，具有其他运输方式无法比拟的通航优势。它不受铁路轨道或公路的限制，可根据实际需求灵活调整航线，直达全球众多港口。即使在政治、经济或军事状况发生变化的情况下，也能迅速调整策略，确保货物顺利送达。

（3）成本效益。海洋运输的航道多为自然形成，加之船舶的规模经济效益、政府对港口设施的投资，以及船舶的耐用性和节能设计，这些因素共同作用，使得海运的单位货物运输成本极低。这对注重成本控制的跨境电商而言，具有极大的吸引力。

（4）广泛的货物适应性。海运几乎能够承运所有类型的货物，无论是超大、超重的设备（如石油钻井平台、火车车厢），还是其他运输方式难以处理的特殊货物，海运都能提供解决方案，展现出极高的货物适应性。

2. 劣势

在跨境电商物流运输中，海洋运输也存在以下劣势：

（1）运输速度缓慢。海运的最大劣势在于其相对较慢的运输速度。由于船舶体积庞大、受水流阻力影响，加之码头装卸作业耗时，即便是最快的班轮，其速度也只能达到约48千米/小时，远远不及空运或某些陆运方式。

（2）潜在风险。海洋运输面临多种风险，包括自然风险（如恶劣天气、海洋灾害等），这些因素难以预测且有时难以避免，对航行安全构成了威胁。此外，国际局势的不稳定性，如战争冲突、劳工罢工、贸易限制等社会风险，也可能对海运的顺畅进行产生影响。因此，为货物和船舶投保成为降低此类风险影响的一项必要措施。

（四）国际航空运输

国际航空运输是指利用飞机及其他航空器完成跨国界货物快速运输的任务。与其他运输方式相比，其成本相对较高，主要适用于两类货物：一是高价值商品，这类货物对运输费用的承受能力较强，例如精密机械组件、奢侈品等；二是急需物资，包括应急救援物资、易腐物品或对时间要求极高的物品，如商业文件、高科技电子产品、医疗疫苗等。

国际航空运输的核心优势在于其速度无可匹敌，不受地理环境的限制。即便在缺乏地面交通网络的偏远地区或国家，也能发挥其独特价值，确保货物及时送达。在 B2C 跨境电商物流领域，空中运输因能够快速响应市场需求、缩短交货时间，成为极其关键且应用广泛的物流解决方案。

（五）管道运输

管道运输是一种特殊的货物运输方式，通过密闭管道系统传输气体、液体乃至粉状固体。这种方式的独特之处在于利用管道内部的压力驱动物料连续向前流动，而管道自身保持固定不动。

管道运输的显著优势在于其密封性，能够有效防止输送过程中物料的泄漏与损失。同时，管道作为一种固定设施，在运行中几乎不消耗额外动力，从而避免了运输工具本身造成的能量浪费。此外，管道运输擅长处理大批量且需要持续供应的货物，非常适合石油、天然气等能源物资的长距离输送。

但在跨境电商物流领域，由于所涉及的商品多为小型、多样化的包裹，加之管道运输主要服务于特定类型的货品（如石油产品），因此它并不构成跨境电商物流的主要运输手段，在本章节中不做深入讨论。

（六）集装箱运输和国际多式联运

1. 集装箱运输

集装箱运输是一种现代且高效的物流方式，利用标准化的集装箱作为货物装载单元，广泛适用于海运、铁路，以及跨国界的多式联运。集装箱运输简化了装卸过程，增强了货物的安全性，并显著提升了物流效率。

2．国际多式联运

国际多式联运是在集装箱运输的基础上进一步演进而来的。它整合了海、陆、空等多种传统单一运输模式，以集装箱作为媒介，实现货物无缝连接的跨国界连续运输。国际多式联运旨在优化物流链条，降低运输成本，提高运输灵活性。

目前，国际上采用的多式联运主要包括以下几种：

（1）公铁联运。结合了公路和铁路运输的优势，其典型形式是"驮背运输"，即卡车拖车或集装箱直接搭载在铁路平板车上。这种方式充分利用了铁路运输的远程高效性与公路运输的灵活便捷性，特别适合城市间的快速配送和长途运输的无缝衔接。

（2）陆海联运。结合陆路（主要为铁路）与海洋运输，货物首先通过铁路从内陆运抵港口，再转由海运送达目的国家或地区。该模式简化了内陆与国际海运之间的衔接，加快了内陆企业的国际贸易结算流程。

（3）陆空／海空联运。整合陆路（或海运）与航空运输，首先利用地面运输将货物送至机场，再通过空运快速抵达中转点，最后由地面运输完成"最后一公里"配送。该模式显著提升了物流速度，简化了运输手续，特别适合高价值、时效性要求较高的货物。

（4）大陆桥运输。借助横贯大陆的铁路或公路网络作为"桥梁"，连接两端的海运，形成跨越大陆的物流通道。例如，西伯利亚大陆桥、新亚欧大陆桥等，不仅缩短了运输时间，还提供了提前结算、降低费用和提高安全性的物流解决方案。

六、商检

商检，即商品检验（Commodity Inspection），是指商品的生产方、购买方或第三方在特定条件和手段下，依据合同、标准或国内外相关法律法规及惯例，对商品在质量、规格、重量、数量、包装、安全及卫生等方面进行全面、细致的查验，并做出是否合格或能否通过验收的判断。同时，商品检验也是一项重要的业务活动，其目的是为买卖双方维护合法权益，避免和解决各类风险损失及责任争议，确保商品顺利交接与结算。

商品检验作为国际贸易发展的产物，已成为商品买卖中不可或缺的一环，在买卖合同中占据重要地位。它体现了不同国家对进出口商品品质管理的需求，对出口商品的生产、销售，以及进口商品按照既定条件采购等方面起到了积极的推动作用。在我国，《中华人民共和国进出口商品检验法》明确规定，未经检验的法定进口商品不得销售和使用，而未经检验合格的法定出口商品不得出口。

目前，我国进出口商品检验工作主要包括以下四个关键环节：

（1）接受报验。报验是指对外贸易相关方向商检机构提出检验申请，并填写"报验申请单"，同时提交相关材料。

（2）抽样。商检机构在接受报验后，会及时派遣人员前往货物存放地点，进行现场检验和鉴定工作，并抽取样品。

（3）实施检验。商检机构在接受检验后，会深入研究并确定申报的检验项目和内容，仔细审查合同或信用证中对商品品质、规格、包装等方面的规定，明确检验依据和标准，随后开展抽样检验、仪器分析、物理测试、感官评定及微生物检验等工作。

（4）签发证书。在出口方面，对于列入进出口商品目录的出口商品，经商检机构检验合格后，商检机构会签发相应的放行单。在进口方面，经检验合格后，商检机构会分别签发"检验情况通知单"或"检验证书"，以供对外结算或作为索赔凭据。

七、配送

物流配送是物流体系中的关键环节，不仅解决了商品从生产地到消费地的空间转移，还通过整合物流、资金流与信息流，高效响应市场需求，实现商品价值的最大化。配送流程是指配送中心根据客户的具体订单需求，对商品进行分类、挑选、组合、装载，调度车辆并规划路线，确保货物能够准时、准确地送达顾客手中。这是一种精细化的送货服务模式。

在跨境电商物流链中，"最后一公里"配送处于末端环节，直接影响消费者的体验，是整个物流链条中最具挑战性的部分。该阶段的服务范围广泛、需求多变，且利润往往微薄。因此，如何高效管理末端配送、减少消费者的不满，成为亟待解决的问题。顾客对配送服务的个性化期待，使末端配送问题表现形式多样化。

具体来说，末端配送的复杂性可以从以下几个维度理解：

（1）配送任务性质：根据顾客的需求，配送任务可以细分为仅取货、仅送货或同时取送的混合模式。配送活动的本质是在限定区域内，在多客户、多商品种类的情况下实现高效联合配送，其目标是提升服务效率并降低库存成本。

（2）配送中心配置：根据物流体系中配送中心的数量，问题可以简化为单中心或多中心配送。单中心配送相对简单，而在多中心情况下，通常需要先根据地理区域将客户分配给各个配送中心，然后利用智能算法优化路径，以提高配送效率。

（3）时间窗约束：顾客对配送时间的特定要求引入了时间窗约束问题。这可以细分为严格时间窗（不允许延迟）和弹性时间窗（允许一定程度的延误）。能否在客户期望的时间窗口内完成配送，直接关系到客户对本次配送的满意程度。因此，快速响应和准时配送至关重要。

第三章　跨境电商物流的分类

第一节　邮政物流

一、邮政物流的概念

邮政国际物流作为一种全球性的物流服务方式，依托各国或地区的邮政网络体系，实现物品在全球范围内的运输与配送。近年来，随着我国跨境电商行业的蓬勃发展，邮政国际物流业务逐渐为大众所熟知，其中中国邮政的"中国邮政航空小包"便是一个典型代表。邮政国际物流并非跨境电商时代的新生事物，其在跨境电商兴起之前便已有深厚的发展基础。通过万国邮联体系，国际邮政包裹以个人邮包的形式实现全球范围内的商品运输与配送。各国或地区的邮政体系，如中国邮政、新加坡邮政、英国皇家邮政等，均能提供相应的服务。尽管服务内容和服务标准可能因地区而异，但在万国邮联的框架下，它们均遵循统一的国际标准。

邮政物流的不断发展为跨境电商的兴起提供了有力支撑，而跨境电商的繁荣又进一步推动了邮政物流的规模化发展。两者相互促进，共同开辟了全球贸易的新篇章。近年来，跨境电商的蓬勃发展使邮政物流规模持续扩大。《2023 年 6 月中国快递发展指数报告》显示，异地与跨境业务增速较快。上半年，异地快递业务量增长加速，一季度达 234.3 亿件，同比增长 12.2%，二季度增速预计将在 24% 左右，异地业务占比有所提升。国际/港澳台业务量一季度累计完成 6.3 亿件，同比增长 46.8%，二季度增速仍将大幅提升，行业占比将稳定在 2.3% 左右。

国际数据同样印证了邮政包裹量的迅猛增长。

中国邮政作为行业的先行者，早在 2010 年便与 eBay 合作开展跨境电商业务，率先进入这一新兴市场。中国邮政的国际 e 邮宝业务已覆盖 36 个国家和地区，国际 e 特快业务更是通达 106 个国家或地区。此外，中国邮政还在海外设立了多个仓库，并通过海运、空运等多种方式提供头程运输服务，以满足不同客户的需求。

中国邮政及各国或地区邮政与跨境电商企业的深度融合发展，主要体现在以下几个方面：一是积极融入电商产业链，调整发展战略，聚焦包裹业务和跨境电商的各个环节；二是提升网络服务能力，加强与各国或地区邮政的合作，推进基地建设，优化与各大邮政和电商平台的对接流程。通过借助海关组织和邮联组织的支持实现邮件的快速清关，并进一步提高邮政处理时效；三是积极应用新技术，例如使用机器人进行分拣和测试无人机投递物件等，以提升服务效率和服务质量。

二、邮政物流特征

邮政物流在国际物流领域具有其独特的优势，这些优势使得邮政物流在跨境电商中扮演着不可或缺的角色。

（一）优点

1．网点覆盖广泛

邮政物流凭借遍布全球的网络体系，几乎可以将包裹送至任何角落。无论是繁华的都市还是偏远的乡村，只要是有邮局的地方，邮政物流便能确保包裹安全、准确地送达。这大大拓展了跨境电商的市场边界。

2．经济实惠

相较于国际商业快递相比，邮政物流的价格更加亲民。其运费以克为单位计算，费率较低，尤其对小件包裹而言，总费用相对较少。因此，邮政物流成为众多中小卖家的首选。

3．服务便利

作为国家直营机构，邮政物流具有一定的公共服务属性。这种属性使其网点建设和服务更具人性化特点。无论是寄件还是收件，人们都能享受到便捷的服务体验。卖家只需按照要求粘贴相关标签和单据，邮政物流便会代为完成后续的报关、商检等手续，从而极大地减轻了卖家的负担。

（二）缺点与不足

邮政物流尽管具有诸多优势，但也存在一些不可忽视的缺点，主要表现在以下三方面：

1. 运输时效相对较长

由于各国或地区的法律法规、人文习俗、语言及科技发展水平等存在较大差异，邮政物流在运营过程中需要应对这些复杂多样的环境。尤其是在一些发展程度较低的地区，邮政物流更注重其公共服务属性，而非营利目标，因此在成本控制上往往牺牲了运输效率和服务质量，整体运输时效较为缓慢。

2. 邮政物流的跟踪信息有待进一步完善

一个高效、先进的物流系统离不开信息化的支持，要求能够实时提供、收集和管理物流信息。然而，由于各国或地区经济发展水平和硬件建设的差异，以及城镇化进程的不均衡，邮政物流在信息化建设方面存在一定滞后。这导致物流信息的准确性和实时性受到影响，难以满足跨境电商等现代商业活动的需求。

3. 邮政物流的丢包率和纠纷率较高

邮政物流的业务范围广泛、操作复杂，再加上国际业务的特殊性，使其在运输过程中面临诸多风险。与国际商业快递相比，邮政物流在服务质量和专业水平方面稍显不足，因此丢包率较高，由此引发的纠纷也随之增多。这不仅影响了邮政物流的声誉，还增加了其运营成本和风险。

综上所述，为了提升邮政物流的竞争力，要要各或地区需要加强合作，共同推进物流环境的改善与优化，提升邮政物流的服务质量和运行效率。

三、万国邮政联盟概述

万国邮政联盟，简称"万国邮联"或"邮联"，是一个致力于商定国际邮政事务的政府间国际组织。其历史可以追溯到1874年，当时成立了"邮政总联盟"，并于1878年更名为"万国邮政联盟"。自

1978 年起,"万国邮联"成为联合国在国际邮政事务方面的专门机构,总部位于瑞士首都伯尔尼。

1．历史脉络

万国邮政联盟,这一国际机构的先驱,其深厚的历史与人类文明的发展紧密相连。追溯至中世纪,邮政仍处于萌芽阶段。随着人类智慧的不断发展,15 世纪的欧洲见证了国际邮政业务的兴起。到了 18 世纪,各国纷纷设立公共邮政系统,并签订关于国际函件互换的双边协议,以加强国家间的通信联系。

由于各国货币体系的差异,计算邮政业务的资费变得异常复杂。在这样的背景下,英国提出了统一资费的建议,并促成了邮票的诞生。邮票的出现极大地简化了资费计算,也推动了国际邮政业务的进一步发展。

为了进一步推动国际邮政业务的规范化,1862 年,时任美国邮政部部长的蒙哥马利·布莱尔提议召开一次国际会议。这一提议得到了积极响应。1863 年,欧洲和美洲的 15 个国家的代表齐聚巴黎,召开了第一次国际会议。尽管这次会议仅通过了关于国际函件互换的一般性原则,但它为后来邮政总联盟的成立奠定了基石。

随着时间的推移,双边协议已无法满足国际关系发展的需求。1868 年,时任北德意志邦联邮政高层负责人亨利·德·斯特凡提出了建立邮政联盟的构想。这一构想在 1874 年得以实现。应瑞士政府的邀请,22 个国家的代表齐聚伯尔尼,签署了《关于创设邮政总联盟条约》(又称《伯尔尼条约》),并成立了邮政总联盟。三年后,随着更多国家的加入,邮政总联盟在巴黎召开了第二次代表大会,并正式更名为"万国邮政联盟"。

至今,万国邮政联盟已经制定了七项业务协定,包括《邮政包裹协定》《邮政汇票和邮政旅行支票协定》等。每一项协定都附有详细的实施细则。这些协定仅对参与的成员国具有约束力,而成员国也有权对协定的某些条款提出保留意见。这些保留意见将被列入协定的最后议定书中。

2．目标与原则

万国邮政联盟的成员遵循《邮政联盟组织法》的精神,以联盟的名义共同构建了一个邮政领域,致力于实现邮件的互换,确保在整个联盟范围内邮件传递的自由无阻。

万国邮政联盟的核心目标在于推动国际邮政业务的优化与发展。高校的邮政服务,不仅旨在加强各成员国人民之间的联系,更致力于促进文化、社会和经济等多领域的国际合作。同时,在自身能力范围内,万国邮政联盟还积极响应成员国的需求,提供邮政技术方面的援助与支持。

3．主要跨境工作

2024 年,万国邮政联盟在其官方网站上公布,顺丰、菜鸟等两家中国企业正式成为万国邮联咨询委员会(Universal Postal Union Advisory Council,UPUCC)的新成员。UPUCC 作为万国邮政联盟的重要分支机构,是邮政领域内政策制定、咨询与建议的权威平台。加入该委员会后,这些中国企业将深度参与 UPUCC 的相关事务讨论与决策,进一步加强与全球邮政快递企业及相关机构的交流与合作,展示中国快递物流企业的卓越形象,推动服务质量和能力的持续提升,努力成为国际快递物流行业的领军企业。

此次中国企业的加入,不仅体现了万国邮联向更广泛的邮政行业参与者开放的积极态度,也彰显了以顺丰为代表的中国快递业三十年来取得的辉煌成就,得到了国内外的高度认可和关注。这标志着"中国快递"在国际化道路上又迈出了坚实的一步。未来,中国快递企业将在业务、技术、法规以及国际合作等多个层面与全球邮政开展直接对话和交流,深化合作,共同构建全球化的邮政网络。

第二节　国际快递

一、国际快递的概念

国际快递是指跨越两个或多个国家／地区界限的快递与物流活动。

它涵盖了从发件人到收件人的全程物流服务，确保货物能够安全、快捷地抵达目的地。在国际快递的运作中，空运、海运、陆运等多种跨境运输方式被灵活运用，以满足不同客户的需求。这种门到门的物流服务，不仅简化了跨境交易的流程，也极大地提升了物流效率，为全球贸易的繁荣发展提供了强有力的支持。

二、国际快递业务的特点

国际快递作为国际物流的一个细分领域，尽管与国际物流有诸多相似之处，但在服务对象、费用及派送方式等方面呈现出鲜明的特点。国际快递主要面向个人或小单位的货物与文件需求，运费相对较高，但服务时效性强，通常能够提供门到门的便捷服务。

具体来说，国际快递业务具有以下显著特点：

（1）高时效性。时效性是快递服务与生俱来的核心属性。随着消费者对运输时效要求的不断提高，快递服务愈发注重对时间的精准把控。国际快递尤为突出，能够在更短时间内将物品送达目的地，满足消费者对速度的需求。同时，快递企业还推出了多种时效性产品，如"今日达""次日达"等，以适应不同客户的需求。

（2）优质服务体验。相比其他国际物流服务，国际快递的定价相对较高，因此客户对服务体验的要求也更为严格。门到门服务是国际快递的一大特色，它免去了客户在多个环节进行交接的烦琐程序，使整个物流过程更加便捷、高效。这种服务模式不仅提升了客户的满意度，还增强了快递企业的市场竞争力。

（3）高度信息化。国际快递业务的信息化程度是衡量其服务质量的重要标准。快递企业需要借助先进的计算机网络技术和通信技术，实时接收并处理来自不同客户的信息，快速完成货物的调配和流程安排。同时，为了满足客户对货物实时追踪的需求，快递企业还需建立完善的物流信息系统，确保货物的动态信息能够及时反馈给客户。这种高度信息化的特点不仅提升了快递服务的效率，还增强了客户对快递企业的信任。

三、国际快递业务的模式

随着跨境电子商务的蓬勃发展，国际快递市场也日益活跃。为了满足消费者对货物快速、安全送达的需求，多种国际物流模式应运而生。其中，国际快递业务尤为突出，并形成了两种主要的运作模式。

（一）高效便捷的国际商业快递模式

国际商业快递模式以专业的国际快递公司为主体。这些公司凭借自身的全球物流网络和先进的信息系统，为跨境客户提供一站式的门到门服务。例如，UPS、TNT、FedEx、DHL 等国际快递公司均采用这一模式。它们通过航空运输等方式，快速地将货物送达全球各地，为消费者提供了卓越的购物体验。这种模式以其高效、快捷的特点赢得了众多客户的青睐。

（二）经济实惠的国际邮政包裹模式

与国际商业快递不同，国际邮政包裹模式主要依托万国邮政联盟体系进行货物的跨境运输。该模式主要针对重量较轻、尺寸较小的包裹，通常以个人邮包形式发货。国际邮政包裹分为平邮和挂号两种方式：前者费用较低但不提供跟踪查询服务，后者费用较高但客户可以实时查询物流动态。尽管国际邮政包裹在运输时间和服务质量上不如商业快递稳定，但其较低的价格使其成为许多跨境电商出口业务的首选。根据中国电子商务研究中心的数据显示，目前我国跨境电商出口业务中，有高达70%的用户选择使用国际邮政包裹进行运输。

总的来说，国际商业快递和国际邮政包裹这两种模式各有特色。前者以高效、快捷著称，适合对时间和安全性要求较高的货物；后者则以其经济实惠的特点吸引了大量对价格敏感的消费者。在实际应用中，企业可以根据自身需求和预算选择合适的国际快递模式。其具体区别如表3-1所示。

表 3-1 国际商业快递模式与国际邮政包裹模式的区别

对比项	国际商业快递	国际邮政包裹
时效	3～7 个工作日	5～15 个工作日
价格	有首重，续重	无首重，续重
重量	单件 7 千克以下	单件 2 千克以下
其他费用	无	有超长、超重、偏远地区附加费
通邮范围	全球 220 个国家 / 地区	全球 220 个国家 / 地区
跟踪查询	均提供	挂号提供、平邮不提供
退件说明	退件快	退件慢

四、国际知名快递公司

自 20 世纪 70 年代末以来，中国的快递业逐渐与国际接轨。中国对外贸易运输（集团）总公司在当时与日本海外新闻普及株式会社（Overseas Courier Service，OCS）签订了首个快递代理合同，这标志着国际快递服务正式进入中国市场。随后，1980 年 7 月，邮政机构也顺应时代潮流，开始提供国际快递服务，即 EMS。

随着时间的推移，国际快递巨头纷纷进军中国市场。1984 年，FedEx 以代理形式率先在中国开展快递服务，为中国消费者带来了全新的物流体验。紧接着，1986 年 12 月，中外运与 DHL 合作，在北京成立了合资公司，进一步推动了中国国际快递业务的发展。

1988 年，UPS 与中外运合作，借助后者强大的物流网络，成功进入中国国际快递市场。同年，TNT 集团也与中外运联手，共同成立了中外运—天地快件有限公司，进一步拓展了在中国的快递业务。自此，中国的国际快递业进入了全面发展的黄金时期，为消费者提供了更加多样化、更高效的物流服务。

（一）德国敦豪快件服务公司

德国敦豪集团（DHL Group）（图 3-1）成立于 1969 年，最初以运输文件为主要业务，由阿德里安·达尔西（Adrian Dalsey）、拉里·希尔布伦（Larry Hillblom）和罗伯特·林恩（Robert Lynn）共同创立，公司名称即取自他们姓氏的首字母。DHL 的总部最初设在布鲁塞尔，后被德国邮政集团收购，成为其全资子公司。DHL 创新性地通过航空快速运输文件和货物，极大地缩短了货物在港口的等待时间，从而开创了国际航空快递行业。随着业务的不断扩展，DHL 的服务网络迅速向全球延伸，覆盖了从夏威夷到远东、环太平洋地区、非洲、欧洲和亚洲等多个地区。

敦豪集团在全球设有四个主要业务部门：DHL Express（国际快递服务）、DHL Global Forwarding（国际货运服务）、DHL Freight（国内货运和供应链管理）及 DHL Supply Chain（供应链管理服务）。

作为最早进入中国市场的国际快递公司之一，DHL 与中外运合作，于 1986 年 12 月成立了中外运—敦豪国际航空快件有限公司。在中外运—敦豪成立 20 周年之际，敦豪集团宣布了"中国优先"战略，充分体现了中国市场在敦豪集团全球网络中的重要地位。时至今日，中国依然是敦豪集团全球网络中增长最快的市场之一，并在其亚太区及全球战略中占据重要位置。敦豪集团承诺将继续实施"中国优先"战略，致力于强化网络优势，优化产品与服务，以支持中国经济的持续发展。

2024 年，敦豪集团与美国纽约大学斯特恩商学院联合发布了《2024年 DHL 全球连通性报告》。该报告全面分析了当前全球化的现状及发展轨迹。报告指出，尽管面临挑战，全球化水平在 2023 年仍然保持在与 2022 年相近的高位，没有出现逆转的迹象。敦豪集团强调，全球化通过扩大市场和创造机会，为个人、企业和国家的发展提供了动力。此外，报告中提到，中国在商品出口"广度"方面继续保持第一，显示了中国作为贸易大国的地位。敦豪集团首席执行官在"推动贸易（GoTrade）"峰会上也强调了中国在全球贸易中的重要性，并指出，中国的制造业规模有助于降低供应链商品的成本。

图 3-1　DHL 图标

（二）美国联合包裹运送服务公司

美国联合包裹运送服务公司（见图 3-2）自 1907 年成立以来，已经发展成为一家全球性的物流巨头，其总部位于美国佐治亚州的亚特兰大市。该公司以一贯坚持的"优质低价"服务理念，在美国西海岸迅速扩张，并于 20 世纪 30 年代将服务范围拓展至所有主要城市。UPS 在 20 世纪 50 年代获得了公共运输承运人的资格，将其服务范围从零售客户扩展到个人客户，成为美国邮政的主要竞争对手。如今，UPS 是全球最大的包裹递送公司之一，也是专业运输和物流服务的全球领导者，其品牌商标在全球范围内享有极高的知名度。UPS 通过整合物流、信息流和资金流，不断创新物流、供应链管理及电子商务服务。

图 3-2 UPS 图标

UPS 自 1988 年进入中国市场，与中外运签署代理合作协议，正式开展在中国的业务。2001 年，UPS 获得美国运输部授予的中国直航权。2003 年，UPS 将大中华区总部迁至上海，这反映了公司对中国市场的战略重视。从 2004 年至 2010 年，UPS 在中国加强了基础设施建设和运营网络，建立了海陆空多模式的运输网络，并在上海和深圳设立了国际转运中心，以支持高科技和高附加值产品的国际运输。2017 年，UPS 与顺丰速运成立合资公司，进一步整合了双方的运输网络，为中美之间的跨境贸易提供了更高效的物流解决方案。

UPS 持续在技术创新和可持续发展方面进行投资，致力于提高物流效率并减少环境影响。公司还在全球范围内扩展服务，以适应数字化和全球化贸易的趋势，为客户提供包括电子商务物流解决方案、定制化供应链管理及创新的国际运输选项等服务。

（三）美国联邦快递公司

美国联邦快递公司（图 3-3）是一家国际性快递物流企业，为全球客户提供包括运输、电子商务解决方案和商业运营服务在内的综合服务。FedEx 由前美国海军陆战队队员弗雷德里克·史密斯（Frederick W. Smith）于 1971 年创立，最初名为阿肯色航空公司。由于在小石城发展受阻，史密斯将公司迁至田纳西州的孟菲斯，并于 1973 年更名为联邦快递公司。FedEx 以其全球航空和陆运网络而闻名，能够在短时间内提供快速且准时的快递服务，并对此提供服务保障。FedEx 的服务网络覆盖全球超过 220 个国家和地区。在 2024 年《财富》世界 500 强排行榜中，FedEx 排名第 415 位。

　　FedEx 自 1984 年起在中国提供服务，并于 20 世纪 90 年代中期正式进入中国市场。1995 年，FedEx 通过收购常青国际航空公司，成为首家提供美国直飞中国服务的国际快递物流公司，大幅缩短了中美主要城市间的快递时间。FedEx 在中国的市场策略主要聚焦于业务量集中的沿海和中心城市，这一策略显著提升了其业务效率和收益。公司持续提升其全球服务能力，包括扩展航空网络和增强物流技术。FedEx 在技术创新方面的投入不断增加，以提高运营效率并更好地响应客户需求。此外，FedEx 积极适应并支持电子商务的快速增长，通过提供定制化的物流解决方案来满足电商市场的特定需求。公司还注重可持续发展和环保，致力于减少业务对环境的影响。

　　2024 年，据英国《金融时报》报道，美国快递公司联邦快递计划斥资 44 亿欧元收购荷兰快递公司 TNT 快递。TNT 的所有业务将被整合至 FedEx 的业务部门，并启用全新的 FedEx 商标。

图 3-3　FedEx 图标

（四）全球邮政特快专递

　　全球邮政特快专递（见图 3-4）是一项由万国邮政联盟管理的国际邮件速递服务。在中国，这项服务由中国邮政提供。它允许用户优先处理海关、航空等环节，以确保紧急信函、文件资料、金融票据和商品样品等重要物品的快速传递。

中国邮政速递物流公司（China Postal Express & Logistics Company Limited，中邮速递物流）负责在中国大陆提供 EMS 服务。作为中国邮政集团公司的全资子公司，中邮速递物流的主要业务包括国内速递、国际速递和合同物流等。公司提供的速递服务涵盖卓越、标准和经济三种不同时效水平，同时还包括代收货款等增值服务。合同物流服务则覆盖从仓储到运输的整个供应链。

中邮速递物流成立于 2010 年 6 月，是中国历史最悠久、规模最大、网络覆盖最广、业务品种最丰富的快递物流综合服务提供商。截至 2018 年底，公司注册资本为 250 亿元，拥有近 16 万名员工，服务网络遍布全国所有市、县、乡（镇），并通达全球 200 多个国家和地区，自营网点超过 5000 个。

EMS 公司持续致力于提升服务质量和扩大全球网络覆盖范围。随着全球化和电子商务的发展，中邮速递物流正在加强其国际业务能力，以更好地服务国内外客户。此外，公司积极采用新技术，如智能物流系统和自动化分拣技术，以提高运营效率和处理能力。

图 3-4　EMS 图标

第三节　专线物流

一、专线物流的概念

专线物流服务是随着跨境电子商务的兴起而快速发展的一种专业化物流服务模式。它主要通过集中运输发往特定国家或地区的大批量货物，利用规模优势来降低物流成本，提供比一般商业快递更经济的运输价格，同时保持较快的物流速度和较低的货物丢失率。尽管与邮政小包相比，专线物流的成本较高，且服务覆盖范围局限于中国东部沿海的一些主要城市，但它在跨境物流中发挥着重要作用。

专线物流以其"五固定"特点区别于其他物流方式，即固定的起始地、目的地、运输方式、运输路线和时间表。它通常涵盖多种形式的运输方式，包括航空、海运、铁路及多式联运等，例如，郑欧班列、中俄专线、渝新欧班列等。针对特定商品（如平衡车或独轮车），还提供专门的专线物流服务。

近年来，专线物流服务逐步向供应链的上下游延伸。在进口方面，一些拥有航空资源和通关能力的货运代理或物流公司，成为境外电商平台在中国的指定运输和配送服务商，提供包括国际运输、通关以及国内配送在内的一站式服务。在出口方面，专线物流公司为国内卖家提供集货、拼装、出口清关等服务，确保货物通过国际运输顺利到达目的国，并与当地物流服务商合作完成"最后一公里"的配送。

专线物流公司的成功依赖于其资源整合能力。它们通常并非直接投资于大量物流资源，而是通过整合各种渠道资源、外贸资质、通关能力以及风险管理等专业技能来运营。本节所讨论的专线物流，特指通过航空包舱将货物运送到目的国，并由合作的物流公司负责当地配送的物流模式。这种模式要求专线物流公司具备高效的组织能力和对供应链各环节的精准控制。

二、专线物流的特点

（一）专线物流的优势

1. 高效快速

专线物流服务商掌控自有的专属运输线路，通过预定的航班计划，确保运输的连贯性不受季节性波动的影响，其递送速度远超国际邮政小包服务。这种模式专注于特定线路的资源集中与优化，从而确保运输的高时效性。

2. 成本效益显著

专线物流通过集中发运特定国家或地区的大量货物，利用规模经济效应大幅降低单件货物的运输成本。同时，目的国境内的配送成本得到了有效控制，提供的服务相比国际邮政小包更加稳定，价格也较国际商业快递更具优势。

3．安全性高

在货物的首段运输中，专线物流采用批量运输方式和专属线路，大大降低了货物丢失和损坏的风险。货物到达目的国后，由当地合作物流公司进行末端配送，类似本土快递服务，进一步减少了包裹丢失的可能性。此外，多数专线物流服务还包含保险，使整体安全系数更高。

4．清关便捷

专线物流通常以批量形式清关，由目的国的专业物流公司统一处理，配备专人跟进，有效减少清关障碍。这一过程无须消费者参与，既加速了清关流程，又提升了用户体验。相比其他国际物流方式中常见的清关难题，专线物流凭借其专业的清关服务脱颖而出，成为其显著优势之一。

（二）专线物流服务面临的局限

1．专线物流通达地区受限

专线物流服务主要集中在物流需求量较大的国家或地区，由于运营规模的限制，国内揽收范围通常局限于少数大城市，导致服务覆盖面不够广泛。这意味着许多中小城市或偏远地区的客户难以享受上门揽件服务，从而限制了服务的可及性。

2．专线物流配送能力受限

与国际商业快递相比，专线物流在末端配送的灵活性和效率上存在不足。货物到达目的国后的"最后一公里"配送容易受到当地合作物流商能力波动的影响，可能出现延误。此外，不同国家和地区间物流服务水平参差不齐，也进一步增加了物流服务的不确定性。

3．专线物流运输产品受限

尽管提供专线物流服务的公司数量在增加，但其受航空运输条件的限制（如飞机舱位的大小），对于大件或大批量货物的运输能力较为有限，这在一定程度上限制了特定商品类型的运输选择。这迫使一些需要运输大量或大体积商品的商家不得不转向邮政包裹服务或其他替代物流方案。

尽管存在上述局限，专线物流在特定跨境电商业务场景下展现出了显著优势，尤其是在固定线路运输、追求时效的小批量多频次发货需求方面。相比国际小包和商业快递，专线物流在性价比上具有明显优势，特别适合用于小额批发和样品寄送。此外，将专线物流与海外仓策略结合，形成混合物流模式，可以进一步提升跨境物流效率和客户满意度，为消费者提供更加丰富和灵活的物流选择。

三、我国专线物流的现状

（一）专线物流的发展现状

1. 专线物流产品的多样化增长

目前，市场上涌现了越来越多的专线物流服务产品，这些服务主要根据发货地与收货地之间的贸易活跃度进行设立。常规线路如北美、欧洲、大洋洲等专线已被广泛覆盖，同时，针对中东、南美、南非等地区的专线线路也在逐步增加，为跨境电商提供了更多的选择。

2. 海外布局集中于发达地区

我国专线物流线路的布局表现出明显的地域集中性，主要服务于欧美及东亚等经济发达地区，而对非洲、南美等区域的覆盖相对较少。截至 2016 年 12 月底，指向欧美及东亚的专线物流线路已占海外市场总量的七成以上，这反映了市场发展的不平衡性。

3. 民营企业引领专线物流市场

在国内专线物流领域，民营企业是推动行业发展的主要力量。出口易、俄速通、燕文物流、中环运等企业纷纷推出各具特色的专线物流服务。顺丰速运、中通快递、天天快递等知名快递公司也相继开通了通往美国、日本、韩国等国家的专线线路。此外，电商平台（如速卖通）也联合多家企业推出了特色专线物流服务，凸显了民营企业在该行业中的主导地位。

4. 费用结算机制逐步完善

以往，专线物流费用的结算多采用传统的现金交易模式，容易导致运费回收周期长、欠款风险高等问题。近年来，为保障物流企业的利益，行业内部正积极优化结算方式。例如，速卖通中俄专线自 2013

年起实行了一项新的结算政策，要求在货物称重后立即通知卖家应付运费，卖家需在 24 小时内完成支付，否则可能暂停发货。这一系列变革提升了资金流转效率，有效保护了跨境物流企业的合法权益。

（二）专线物流在发展过程中面临的挑战

1. 专线物流运输产品种类有限

尽管我国拥有众多专线物流服务公司，但它们的运输产品范围相对狭窄。例如，达方物流公司虽然拥有多条国际物流专线，但仍无法处理含电池或纯电池的电子产品。燕文物流也面临类似的问题，尽管开通了多个国家的专线，但一些电子产品，如手机、平板电脑等，仍被禁止运输。

2. 揽收服务覆盖地区有限

目前，我国专线物流公司的业务覆盖范围仍显不足。例如，燕文物流仅在部分主要城市提供上门揽收服务，而速卖通的西班牙专线也仅对少数城市提供免费收货服务。这意味着大部分地区的卖家需要自行将货物送至集货仓，无形中增加了物流的复杂性和成本。

3. 专线物流信息跟踪效率不高

虽然专线物流的价格相较于商业快递更加优惠，但在物流信息跟踪方面仍存在明显不足。信息查询困难、信息错误或遗漏、信息更新不及时等问题屡见不鲜。例如，一些专线物流产品仅能提供国内段的物流信息，无法覆盖国际段的跟踪服务，这严重影响了物流服务的用户体验。

4. 专线物流清关难度与成本差异大

在专线物流的通关过程中，不同国家和地区的清关难度与成本差异显著。例如，日本对进口产品的要求非常严格，一些特定产品需要提供特定的资质才能入境；而巴西的清关申报流程则相对复杂，需要提前申请目的港的免堆期，否则可能产生高昂的额外费用。这些清关难度的差异不仅增加了物流成本，还可能影响物流效率。

（三）专线物流的发展策略

1. 强化全程信息追踪系统

鉴于当前专线物流信息查询系统中存在信息不全面的问题，特别是针对巴西、秘鲁等小语种国家的信息获取较为困难，我们亟须加强信息追踪系统的建设。政府应发挥引领作用，与企业联合打造一个综合性的物流服务平台，实现专线物流信息的全程实时追踪。企业可以借鉴速卖通平台的成功经验，通过构建一体化服务平台，提供从揽收、配送到售后的一站式物流服务，从而增强专线物流的灵活性和准确性，确保其高效、安全地运行。

2．打造在线交易新平台

随着互联网和信息技术的迅猛发展，专线物流的费用结算方式虽有所改进，但交易体系仍有待完善。因此，我们应积极推动在线交易平台的建设，促进物流费用结算方式的现代化，实现金融与交易的即时互动。该平台应具备多样化的图表分析功能、完善的技术支持及高效的交易功能，同时接入第三方支付接口，实现物流费用的统一登记、结算和资金管理。通过这一平台，可使交易过程更加直观、智能和稳定，全面提升用户体验和运营效率。

3．构建中小企业合作联盟

鉴于专线物流企业在资金和业务能力方面的局限性，单独建立大型国际物流联络点存在一定困难。因此，建立中小企业合作联盟，将成为有效汇聚资源、提升物流实力和增强谈判能力的重要途径。通过联盟合作，可共同设立国际物流联络点，与国际物流企业建立稳定的合作关系，实现货物全程跟踪、调配和配送。同时，利用联盟成员现有的资源优势，扩大国内服务覆盖范围和国际业务区域，从而全面提升专线物流企业的市场竞争力。

4．拓展快件揽收服务范围

当前，专线物流的快件揽收范围相对有限，这在一定程度上制约了其进一步发展。为提升专线物流的便利化水平，物流企业应积极探索多种途径，扩大快件揽收的服务范围。政府及相关机构可根据物流企业的布局情况，提供政策扶持和资金补助，鼓励企业深入内陆地区及二、三线城市，逐步拓展服务网络，从而提高专线物流的覆盖范围和服务质量。

5．深化并推广通关便利化举措

跨境电商的快速发展对贸易自由化和便利化提出了更高要求。因此，深化通关便利化政策是推动专线物流发展的必然选择。可以借鉴上海自贸试验区的成功经验，实施一系列创新的海关监管服务措施，例如"批次进出、集中申报""先进区、后报关"等，同时推进海关检验及验检疫部门的改革，进一步提升通关效率。此外，还应将这些便利化政策推广复制，以优化整体通关环境，为专线物流的发展创造更加有利的条件。

四、专线物流的运费核算

专线物流的计费方式与航空快递有些相似，但在起重数量和续重单位上有所不同，通常还有限重规定，并收取一定的挂号服务费。不同物流供应商的报价方式各不相同，有的采取一价全包的模式，有的则无起重要求，还有的可能涉及燃油附加费、汇率等额外因素。需要特别注意的是，专线物流的费用并非固定不变，而是会随时间产生波动，具体价格需以发货时的报价为准。此外，不同物流商和专线之间往往存在价格差异，因此消费者在选择时，应综合考虑实际需求和预算。

专线物流的计费通常以克为单位，同时综合考虑货物的实际重量和体积重量。在国际空运中，费用的计算通常以两者中的较大值为准。

以俄速通在速卖通平台的物流服务为例，其服务范围覆盖俄罗斯全境所有邮局可送达的区域。俄速通的运费根据包裹重量精确到克进行计费，且单个包裹的重量限制为2000克以内。值得一提的是，2019年4月10日，俄速通对运费价格进行了调整，并对包裹重量划分为更加细致的区间。具体价格及重量区间可参见相关表格。这种精细化的计费方式不仅有助于物流商更好地控制成本，还为消费者提供了更加透明和公正的价格体系，具体如表3-2所示。

表3-2　俄速通线上发货（发往俄罗斯）的运费价格

配送服务费（元/千克）	挂号服务费（元/件）
1克＜包裹重量＜2 000克	
57.4	16.9

注：配送服务费根据包裹重量按克计费。

（一）无额外燃油费用的运费计算方式

我们可以通过表 3-2 中的具体数据计算不同重量包裹的运费。计算的基础公式为：

专线物流费用＝配送服务费 × 重量＋挂号服务费

以 100 克、200 克和 1000 克的包裹为例，我们可以按照表 3-2 中的标准核算这三个包裹的运费：

100 克包裹的运费计算为：

57.4 元 / 千克 ×0.1 千克＋16.9 元＝22.64 元

200 克包裹的运费计算为：

57.4 元 / 千克 ×0.2 千克＋16.9 元＝28.38 元

1000 克包裹的运费计算为：

57.4 元 / 千克 ×1 千克＋16.9 元＝74.3 元

从上述计算可以看出，随着包裹重量的增加，虽然总运费有所增长，但平均费率实际上呈下降趋势。

（二）考虑燃油附加费的运费计算方式

在实际情况下，专线物流的运费计算可能更加复杂，并且价格也会随着市场情况而变动。有时，运费的计算会涉及燃油附加费、折扣等因素。这时，计算公式可能变为：

专线物流费用＝配送服务费 × 重量 ×（1＋燃油附加费率）× 折扣＋挂号服务费

假设某专线物流的配送服务费为 80 元 / 千克，限重为 2 千克，挂号服务费为 7.5 元 / 件，折扣为 9 折，燃油附加费率为 11%。我们同样以 100 克、200 克和 1000 克的包裹为例，核算这三个包裹的运费：

100 克包裹的运费计算为：

80 元 / 千克 ×0.1 千克 ×（1＋11%）×0.9＋7.5 元＝15.49 元

200 克包裹的运费计算为：

80 元 / 千克 ×0.2 千克 ×（1＋11%）×0.9＋7.5 元＝23.48 元

1000 克包裹的运费计算为：

80 元 / 千克 ×1 千克 ×（1＋11%）×0.9＋7.5 元＝87.42 元

第四节　海外仓

一、海外仓概述

跨境电商的运营涵盖了产品的信息流、物流及资金流三大核心部分。目前，信息流和资金流已得到了较为完善的发展，但跨境物流方面仍然面临诸多挑战。在跨境物流的执行过程中，涉及多个环节，并需与不同国家／地区的物流供应商和海关对接。这导致物流的时效性、成本控制、货物丢失及退换货等问题成为跨境电商发展的瓶颈，严重影响消费者的购物体验。海外仓作为一种创新的跨境物流模式，为上述问题提供了有效的解决方案。

海外仓，简单来说，就是在目标销售国家／地区设立仓储设施，并预先将货物批量运送至这些仓库。当目标市场的消费者下单购买时，货物即可直接从当地的海外仓发货。这种方式极大地简化了跨境物流的复杂性，避免了烦琐的通关手续，从而显著提高物流效率，并有效解决了货物丢失率高、退换货困难等问题。

为了推动海外仓的建设与发展，2015年5月，商务部发布了《"互联网＋流通"行动计划》。该计划旨在通过打造安全、高效、开放、有序的流通产业，推动流通方式的创新、提升流通效率以及完善流通环境。其中，明确提出了建设100个电子商务海外仓的目标。此外，后续的政府工作报告和政协委员提案也多次强调支持中国企业建设出口货物的海外仓。在政府的积极引导和政策支持下，近年来海外仓建设取得了显著进展。目前，参与海外仓建设的企业主要包括大型跨境电商企业、第三方跨境电商平台及专业的跨境物流企业。

二、海外仓运作流程

随着跨境电商的快速发展，海外仓作为一种创新的物流解决方案，已经形成了一套高效且成熟的运作流程。海外仓的运作不仅是跨境电商企业与物流公司的简单配合，还融合了计算机信息技术、金融支付、报关报检及咨询管理等多个行业的精髓，为跨境电商提供了全方位的服务。

海外仓的运作流程主要包括三个关键环节：头程运输、仓储管理及本地配送（也称尾程配送）。

（一）头程运输

在这一阶段，国内的跨境电商企业会提前将商品通过传统的运输方式运送至海外仓。在此过程中，商品通常需要经过集中报关、个性化加工等增值服务，以提高管理效率和作业精准度。通过批量处理，企业能够显著节约时间成本、运输成本和管理成本。

（二）仓储管理

仓储管理不仅是简单的商品存储，还涉及对商品的精细分类和科学存储，以确保商品出库时的高效和便捷。此外，仓储管理还包括订单管理服务，企业可根据订单及时发货，并依据订单数据和季节性因素预测库存需求，从而有效避免缺货或库存积压。这一流程有助于降低跨境电商企业的仓储成本，同时提高海外仓的利用效率。

（三）本地配送

当境外消费者通过跨境电商平台下单后，订单信息会被发送至海外仓管理系统。海外仓根据订单信息迅速完成商品出库并发货，从而将跨境电商的购买行为转化为境内销售行为。这不仅缩短了从跨境电商所在国到目标市场的距离，减少了客户的等待时间，还提升了跨境电商企业的品牌知名度及消费者的重复购买率。

整个运作流程如图 3-5 所示，海外仓管理系统在其中发挥着至关重要的作用。该系统能够对头程运输、仓储管理及本地配送进行全局掌控，确保整个流程的顺畅及高效。通过海外仓的运作，跨境电商企业能够享受到更加便捷、高效的物流服务，从而提升消费者的购物体验，并进一步推动跨境电商的发展。

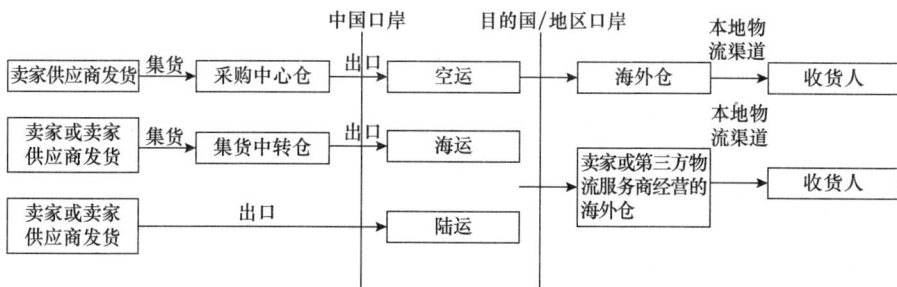

图 3-5　海外仓的运作流程

三、海外仓的显著优势

（一）海外仓对企业带来的显著效益

首先，海外仓极大地提升了物流效率并降低了运营成本。通过海外仓，跨境电商企业可以提前将货物批量运输至目标市场，从而避免传统物流模式中因分散发货而导致的效率低下和成本高昂等问题。这种集中化的物流管理方式不仅显著提高了运输速度，还使得企业能够更加有效地控制成本，在激烈的市场竞争中占据优势地位。

其次，海外仓极大地丰富了出口企业的销售品类。在传统物流模式下，一些体积小、价值低的商品因运输成本过高而难以出口。通过海外仓，企业可以更加灵活地调整销售策略，将更多种类的商品纳入销售范围。这不仅拓宽了企业的销售渠道，还为消费者提供了更多样化的选择。

最后，海外仓对于中国跨境电商的品牌建设和海外市场拓展具有重要意义。通过海外仓，跨境电商企业能够更好地展示自身的产品形象和企业实力，提升品牌知名度和消费者信任度。同时，海外仓还可以及时收集市场信息和客户反馈，帮助企业更深入地了解目标市场，制定更加精准的营销策略，从而进一步开拓海外市场。

总之，海外仓作为一种创新的物流解决方案，为跨境电商企业带来了诸多显著优势。它不仅能够提高物流效率、降低成本，还可以丰富销售品类、促进品牌建设和市场拓展。因此，越来越多的跨境电商企业开始采用海外仓模式，以应对日益激烈的市场竞争和不断变化的消费者需求。

（二）海外仓对消费者的显著益处

传统的外贸模式往往导致货物运输时间长达数月，而国际物流（如邮政、快递等方式）不仅配送时间较长，消费者还需支付高昂的运费。退换货流程更是复杂、耗时耗力且费用较高，给消费者带来了极大的不便。

海外仓的出现彻底改变了这一现状。通过海外仓，消费者可以享受到与本地购物相似的便捷体验。商品直接从海外仓发货，实现了本地配送，大幅缩短了消费者等待收货的时间。同时，由于海外仓采用批量发货的方式，运输成本得以显著降低，因此消费者所承担的运费也相应减少。这意味着消费者可以以更实惠的价格、更快的速度获得心仪的商品。

在退换货方面，海外仓同样为消费者提供了极大的便利。消费者只需通过跨境电商平台反馈退换货需求，跨境电商企业即可与海外仓迅速沟通，为消费者提供及时的服务。消费者无须经历漫长的等待和烦琐的手续，就能够轻松解决退换货问题。

此外，海外仓还能根据当地的文化和习惯等特点，提供个性化服务，如上门安装和维修等。这不仅提升了消费者的购物体验，还进一步增强了消费者对跨境电商企业的信任和忠诚度。

更重要的是，海外仓突破了传统物流在体积、重量等方面的限制，为消费者提供了更多的商品选择。无论是大件商品还是小件商品，都可以通过海外仓实现高效配送，满足消费者多样化的购物需求。

四、海外仓面临的挑战与困境

（一）高昂的运营成本成为海外仓的沉重负担

海外仓的建设与运营面临着显著的成本压力。特别是在跨境电商出口业务活跃的国家和地区，如美国、欧洲等地，劳动力成本和仓库租金都相对较高。以美国为例，仓储工人的工资水平远高于国内，且仓库租金也较高，这无疑增加了海外仓的运营成本。这些费用最终会转嫁到海外仓的使用者身上，导致入仓费、仓储管理费和订单处理费等费用居高不下。

以一家中小型出口跨境电商企业为例，假设该企业选择在美国租用海外仓进行货物存储和配送。由于美国劳动力成本和仓库租金较高，加上其他额外费用（如水电费、物业费等），海外仓的运营成本大幅上升。该企业发现，通过海外仓发货的成本远高于从中国直接发货的成本。这种巨大的成本差异使得许多中小型出口跨境电商企业对海外仓望而却步。

此外，企业在使用海外仓时还需支付当地的快递费用。以美国波士顿地区的海外仓为例，当企业向纽约的客户发送一件小件商品时，所需支付的订单处理费和快递费可能高于从中国直接寄送的费用。这种费用结构使企业在权衡使用海外仓的利弊时，往往更倾向于选择传统的直邮方式。

（二）海外仓运营和技术水平有待提升

海外仓的运营管理面临诸多挑战。由于存储的货物数量庞大、种类繁多，管理过程变得尤为复杂。从货物入仓到出库，涉及分拣、归类、贴条码等多个环节，每一个步骤都需要精确执行。虽然采用先进的仓储设备和管理系统可以实现高度自动化，并显著提升运营效率，但这样的投入成本往往较高，且后期还需持续对设备和软件进行维护与升级。

目前，我国海外仓在技术和运营方面仍存在一些不足。许多建仓企业为了节约成本，选择使用传统的 ERP 采购系统，并依赖当地技术水平较低的劳动力进行操作。这种做法虽然降低了初期投入，但由于 ERP 系统与国外物流系统的连接稳定性较差，加之仓库员工操作不规范，导致物流信息更新不及时、库存数量不准确，以及货物错发、漏装等问题频发。这不仅严重影响了消费者的购物体验，还增加了退换货的成本和风险。

此外，海外仓的高效运营与先进技术的应用离不开专业人才的支持。例如，自动化立体仓库等现代仓储设施需要专业人员进行信息管理，而海外仓信息技术的研发和应用也需要具备供应链管理与信息技术知识的专业人才。然而，我国海外仓的发展时间相对较短，专业人才相对匮乏，这也成为制约海外仓运营和技术水平提升的重要因素。

（三）海外仓库存管理面临的挑战

在使用海外仓的过程中，出口跨境电商企业需要提前将产品或待售商品批量运输至海外仓库。这就要求企业对海外仓的库存进行精确的控制和管理。然而，实现这一目标并非易事。

对于在售产品，企业虽然可以依据过去的销售数据进行预测，但市场变化莫测，销售数据并不总是可靠的参考依据。对于即将上市的产品，由于缺乏实际销售数据和经验，企业往往难以准确预估库存需求。

此外，中小型出口跨境电商企业通常缺乏爆款产品和稳定的销售数据，这进一步加剧了库存预测的难度。库存量过多或过少都会对企业运营产生负面影响。过量库存会增加企业的存储成本和经营风险，而库存不足可能导致缺货，从而影响销售业绩和客户满意度。

（四）海外仓滞销商品处理成难题

尽管海外仓的运营模式为出口跨境电商企业带来了诸多便利，但随之而来的货物积压风险同样不容忽视。据统计，高达30%的中国跨境电商企业正面临货物滞销的严峻挑战。对于缺乏充足销售数据和海外仓管理经验的中小型出口跨境电商企业而言，这一问题尤为突出。

大型出口跨境电商企业通常拥有更广泛的海外销售渠道，能够通过低价促销等方式迅速清理滞销商品。但对于中小型出口跨境电商企业来说，由于缺乏有效的销售渠道，处理滞销商品变得异常困难。它们通常面临两种选择：一是采取低价甩卖策略，以减少部分损失。然而，这种方法存在诸多不确定性，例如营销效果、销售周期以及仓储和处理费用的增加等；二是选择销毁货物，以避免进一步的费用支出，但这种方式往往带来较大的经济损失，同时还需要遵守目的国或地区的相关法律和政策。

（五）出口跨境电商企业规模较小且订单分散

根据深圳易仓科技有限公司的调研结果，多数跨境电商企业在决定是否使用海外仓时，会根据其出口规模进行综合考量。其中，38%的受访者认为，跨境出口月销售额需达到约 10 万美元的水平，才会考虑采用海外仓模式；25%的受访者则认为建仓的门槛应在 10 万美元至30 万美元之间；另有 37%的受访者坚持认为，月销售额需达到 30 万美元以上，设立海外仓才具备实际意义。由此可见，出口规模是影响企业是否选择海外仓的关键因素。

但实际情况是，绝大多数中小型出口跨境电商企业的月销售额远低于这一标准，甚至不足 2 万美元。此外，这些企业还面临着订单量小、出口区域分散及出口产品利润率低等问题。出口产品类型的多样性与出口国家 / 地区的广泛性，都增加了企业在使用海外仓时的复杂性与难度。因此，如何在规模较小、订单分散的情况下有效利用海外仓，降低运营成本，提高运营效率，已成为这些企业亟待解决的难题。

第四章　跨境电商物流系统的构建与规划

第一节　跨境电商物流系统概述与基本功能

一、跨境电商物流系统的定义

物流系统是指在特定的时间与空间范围内，由待移动的物品、服务设备（如包装设备、装卸机械、运输工具、仓储设施等）、服务人员及相关信息等动态交互要素共同构成的一个具有专门功能的完整体系。该系统涵盖了运输、储存、包装、装卸、搬运、配送、流通加工及信息处理等多个子系统，构成了一个复杂而庞大的网络。系统的输入包括运输、储存、搬运、装卸、包装、物流信息与流通加工等环节所消耗的各种资源，如人力、设备、材料等。经过系统的处理与转化，最终输出为物流服务。

在跨境电商的环境下，跨境电商物流系统负责采集、处理、分析、应用、存储和传播物流信息。在这一过程中，企业需要全面管理各种物流信息活动的要素，包括人员、资金、物品、技术、工具和设备等。

跨境电商物流系统的管理采用系统化和集成化的理念，旨在通过综合处理企业经营管理中的各种问题，实现企业的优化目标。

目前，大多数跨境电子商务企业都采用跨境电子商务 ERP 系统进行运营管理。这种系统将传统 ERP 系统中的物流、资金流模块（如采购、生产、销售和库存管理）与电子商务的网上采购、网上销售和资金支付等模块相结合。它以电子技术为基础，以商务活动为核心，打破了国家和地区的各种壁垒，使企业从以往关注内部资源管理转向重视外部资源管理，实现了从企业内部业务集成到企业间业务协同的转变。

二、跨境电商物流系统的基本功能

跨境电商 ERP 系统需紧密结合企业实际运营流程，对主要业务流程进行电子化和信息化改造，旨在实现各项业务的量化评估，为经营者提供直观、详尽的信息支持，辅助其适时调整经营策略。企业日常运营中涉及的主要角色及其职责如下。

1. 供应商

供应商作为商品的制造者或提供者，应确保商品质量达标，及时提交新品信息，准确报告产能情况，为供应链的稳定运行提供保障。

2. 经营决策者

经营决策者依据公司各部门上报的实时数据作出经营决策，主要通过查阅系统生成的各类报表，全面掌握企业运营现状，洞察发展趋势，从而引领企业战略方向。

3. 采购人员

采购人员应根据系统中的订单数据进行精准采购，对接收的商品进行严格的验收和质量检验，确保入库商品符合预定标准。

4. 销售人员

销售人员负责将各销售平台的订单数据及其他市场信息录入企业内部系统，并根据市场反馈指导产品开发与营销活动。

5. 运维人员

运维人员依据销售数据动态调整销售策略，通过系统及时发布销售预警，并对可能存在交货风险的商品采取下架或限售等应急措施，以维护销售秩序。

6. 仓储人员

仓储人员负责采购商品的入库管理，按照订单要求进行商品拣选和出库作业，执行日常库存盘点，及时上报损耗情况，确保库存数据的准确性。

7. 物流人员

物流人员负责核实订单信息，妥善打包出库商品，准确录入物流数据，全程跟踪物流动态，确保商品准时且完好地送达客户手中。

8. 财务人员

财务人员承担企业的财务管理职责，根据各平台的订单数据精确核算企业收入，计算相关人员的提成，并为财务决策提供数据支持。

9. 系统管理员

系统管理员负责维护 ERP 系统的正常运行，并进行系统权限管理。

系统的主要管理模块除供应商产品管理和物流渠道管理外，还包括进销存管理，其主要涉及三个工作流程：

（1）采购流程：采购人员根据采购单在供应商数据中找到采购渠道，向供应商下订单后，记录采购信息和物流信息。根据货物的物流信息匹配采购单，每日接收货物并进行质量检查，记录质检信息。对于不合格产品，要求供应商进行退换处理；对于合格产品，执行入库操作。仓储人员根据仓库区域分布存放物品，并记录入库信息。具体流程如图 4-1 所示。

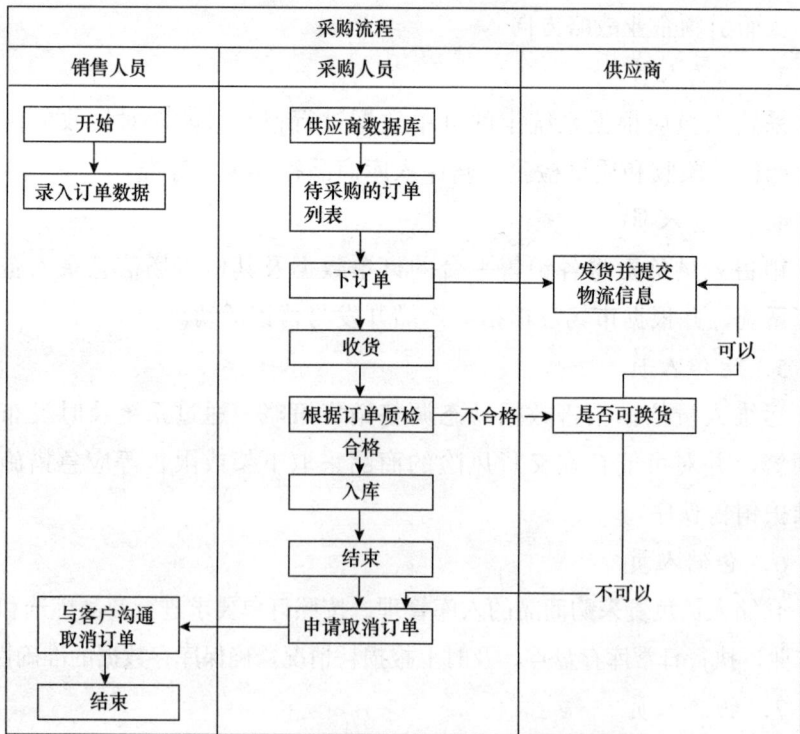

图 4-1 采购流程

（2）销售流程：销售人员从第三方电商平台导出订单数据，将订单数据的外部编码与内部编码进行转换，并将订单数据与供应商的产品数据进行匹配。若匹配失败，则需确认订单中的产品；若产品无法采购，则取消订单。若匹配成功，则将订单数据与仓储数据进行匹配。若存在现货，则由仓储人员配货发货；若无现货，则交由采购人员进行采购。具体流程如图4-2所示。

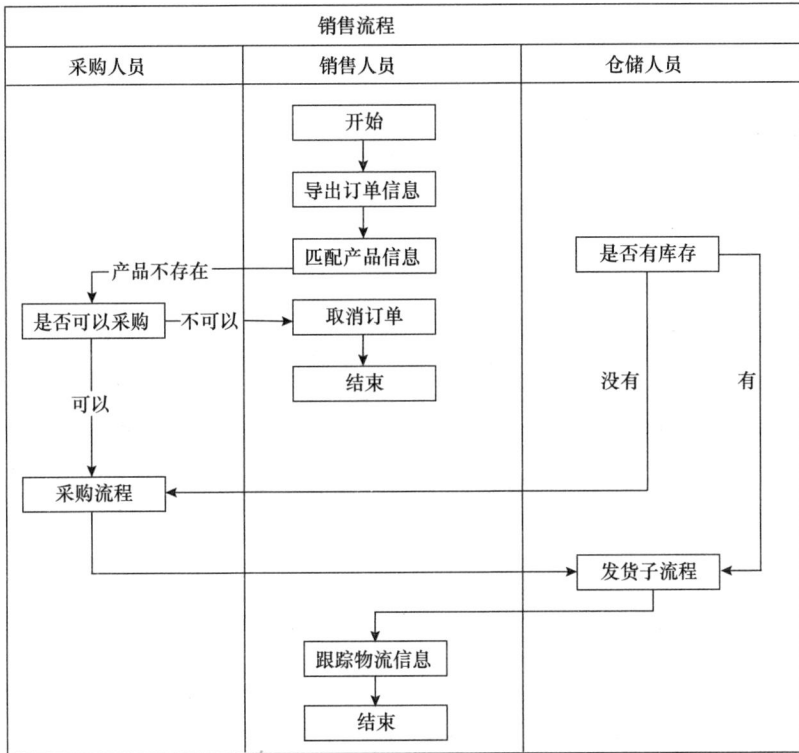

图4-2 销售流程

（3）发货流程：仓储人员将订单与拣货篮编号进行关联，并根据订单中的商品信息从仓库中拣选商品，放入对应的拣货篮内。随后，配备相应的包装物料并进行称重，将产品的重量数据录入系统以计算物流费用。接着，完成产品出库操作，并将拣货篮移交至物流部门。最后，物流人员根据拣货篮编号获取订单信息，产品核对无误后，按照订单要求对产品进行打包，选择适合的物流渠道发货。其具体流程如图4-3所示。

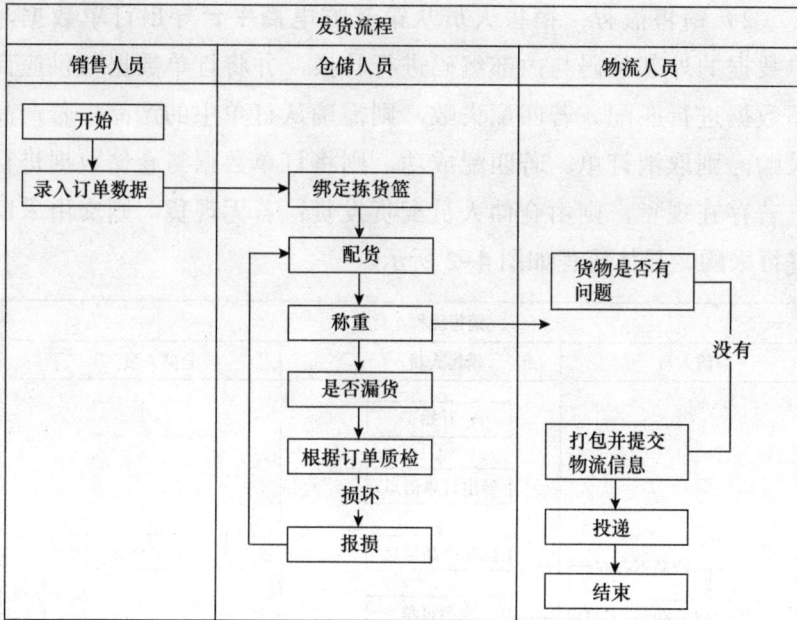

图 4-3　发货流程

　　根据跨境电商公司的实际业务和需求，整个系统的功能分为供应商管理、采购管理、销售管理、仓储管理、运维管理、物流管理、物料管理、资产管理、用户管理、人力资源管理和财务管理等模块。

三、跨境电商物流系统的特点

　　随着物流信息化进程的推进及人工智能在跨境物流领域的深入应用，跨境电商物流系统展现出以下特征。

（一）物流信息更加庞大且综合性更强

　　由于跨境电商交易涉及多区域和跨平台，物流信息变得复杂多样。这要求跨境电商物流系统具备更强大的数据处理能力，以及对各种信息的整合能力。相应的物流信息系统不仅需要满足公司内部的操作需求，还需满足跨境电商对区域性库存管理和订单处理的需求。

（二）专业定制化服务需求的增强

　　大部分跨境电商物流业务属于国际物流范畴。随着国际物流技术和管理的不断提升，各种运输方式日益完善和成熟，这也反映在各跨境电商企业对物流服务的个性化需求上。因此，物流系统需提供更具针对性、更契合企业个性化需求的定制化服务。

（三）决策支持功能需求的提升

随着数据技术的持续发展，越来越多的企业开始重视数据挖掘和信息价值的利用。跨境电商物流系统不仅需要提供基础的物流管理功能，还需负责收集和处理各类物流信息数据（如库存、订单、包裹追踪等），为企业的决策提供有力支持。

（四）自动化程度的不断提高

人工智能技术在物流领域的应用日益广泛，推动了跨境电商物流系统自动化程度的持续提升。这主要体现在仓储设备、分拣系统及配送作业等环节中。自动化的进步进一步促进了物流信息收集功能的发展，实现了更多物流信息的实时采集和处理。

第二节 跨境电商物流系统的关键构成要素

一、物流系统的环境因素

物流系统总是嵌入在一定的内部和外部环境中，并受到这些环境因素的影响和制约。只有适应环境并采取相应的应对策略，物流系统才能实现持续发展。

（一）内部环境

内部环境主要涉及企业内部的组织结构和功能，物流系统需要符合企业内部组织结构的需求，具体包括以下几个方面。

1. 销售系统

销售系统是指企业为了挖掘、扩大并满足社会各阶层需求而进行的一系列活动所构成的系统。这些活动包括市场调查、分析与预测，产品开发与定位，定价策略的制定，营销推广，交易执行，以及实体商品的分销与配送等。这些活动通过计划、执行和控制的方法得以实现，构成了一个完整的销售运作体系。

2. 采购系统

电子商务企业需要从众多供应商中选择并采购符合消费者喜好和需求的产品。采购活动引发的一系列流程构成了采购系统，主要包括选择合适的供应商并进行关系管理、制定清晰的采购流程、编制采购计划，以及对采购人员进行管理等。

3. 财务系统

电子商务企业的财务系统为销售、采购等业务活动提供必要的支持，主要涉及投资决策的制定、合理资金结构的确定及有效融资决策的实施等。

（二）外部环境

企业各自拥有不同的资源和能力，其中某些资源和能力能够使企业选择并实施能够增加价值的策略，从而形成竞争优势。企业内部条件分析的主要目标在于通过对企业资源和能力的全面分析，找出其自身的优势与劣势，尤其是确定那些作为企业竞争优势源泉和基础的"特异"能力。

外部环境的分析皆在明确企业可能的选择，即企业可能做什么；而内部条件的分析则是为了明确企业能够做什么。因此，只有将物流企业的内部条件与外部环境相结合，才能确定物流企业应该做什么。

企业物流的外部环境是指存在于企业之外，对物流企业活动产生决定性影响的各种因素的总和。物流系统的外部环境因素主要包括以下六个方面。

1. 政治因素

政治因素包括对组织经营活动具有实际或潜在影响的政治力量，以及相关的政策和法律法规等。具体到物流行业，我国政府的经济管理部门在物流规划、物流政策制定等方面起着重要的作用。基本的政治因素包括政府的管制和解除管制，政府采购的规模和政策，特殊关税，财政政策和货币政策的变化，地方和行业的特殊规定，国际原油、货币和劳动力市场的变化，进出口限制，以及其他国家的政治状况等。

2．经济因素

经济因素指企业外部的经济结构、产业布局、资源状况、经济发展水平及未来的经济走势等。在制定物流战略时，企业需要考虑以下几个方面的变化：

（1）市场经济体制的建立加快了企业物流的发展。

（2）生产力的发展推动了企业物流的进步。

（3）我国的经济和产业结构正处于震荡调整和整合的历史时期。

（4）工商企业的不断壮大发展创造了对物流服务的新需求，这种需求引导并促进了企业物流的发展。

基本的经济因素包括经济转型、进出口状况、地区间的收入差异、销售和消费习惯的差异、劳动力与资本的流动、财政政策、可支配收入水平、经营规模经济、居民消费趋势、通货膨胀率、货币市场的利率与汇率，以及国民生产总值的变化趋势等。

3．社会因素

社会因素涵盖了组织所在社会中的历史演进、文化积淀、价值观念、教育水平和风俗习惯等多个方面。随着现代市场经济的持续发展与变革，社会文化正经历深度调整与重构。这一过程塑造了企业物流发展的社会基础与文化影响力，为物流行业的进步提供了全新的环境和驱动力。

关键的社会因素包括但不限于：①国家及企业市场的人口结构变化。②居民生活方式的演变。③社会公众的道德观念与伦理标准。④对环境污染的认知与态度。⑤社会责任意识的提升。⑥收入差距与人均收入水平。⑦普遍的价值取向与审美趋势。⑧对售后服务质量的期望与评价。

4．技术因素

技术因素不仅涵盖引发颠覆性变革的重大发明，还涉及与企业生产紧密相关的新兴技术、先进工艺与新型材料的涌现、发展趋势及其应用前景。具体包括：①国家科学技术政策、投入及扶持措施。②所属产业的研究与开发投入状况。③企业技术创新体系及其激励机制。④知识产权保护与专利制度。⑤科技成果产业化的动态。⑥信息技术与电子技术进步对生产效率提升的可能性。

企业在制定物流战略时，需要深入思考以下要点：①现代科技如何为企业物流创造新的发展机遇与动力。②现代科技如何提升企业物流管理效能。③现代科技如何推动企业物流装备的现代化升级。

核心技术因素涵盖：①企业在生产经营中采用的核心技术及其重要性。②外部关键技术的发展趋势与关键进展。③对前沿技术保持敏锐洞察力的能力。④企业在过去对关键技术的投资历程。⑤企业自身技术实力与竞争对手技术实力的对比分析。⑥技术对企业竞争力及整体经营战略的影响。

5．环境因素

环境因素是指企业在活动、产品或服务过程中与自然环境产生相互作用的各种要素。其主要包括：①企业的基本情况及环保绩效。②本行业及相关行业的发展趋势及其相互影响。③企业对非产业环境（如生态环境、社会环境）的影响。④媒体关注度及公众舆论环境。⑤可持续发展空间与绿色发展战略。⑥全球范围内相关行业的发展动态与比较优势。

6．法律因素

法律因素由外部法律体系、法规、司法实践及公民法律意识共同构成，属于综合性影响因素。基本的法律因素包括：①国际公约与协议。②基本法律（如各国宪法）。③劳动保护相关法律。④公司和合同方面的法律。⑤行业竞争法。⑥环境保护相关法律。⑦消费者权益保护法。⑧行业自律公约及其他相关法律法规。

二、跨境电商物流系统构成的一般要素

（一）物质基础要素

跨境电商物流系统的建立依赖于一系列物质基础，包括物流基础设施、技术设备、运输工具和信息技术网络。以下部分构成了跨境电商物流系统不可或缺的物质基础。

1．物流设施

物流设施是指进行物流活动所需的物理空间集合，包括物流园区、物流中心、配送中心，以及内部的仓库、道路、停车场等。物流基础设施具有地理位置固定的特点，构成了物流系统的空间框架。

2．物流技术装备

物流技术装备涵盖所有用于物流活动的工具、机械设备和技术，包括仓库中的货架、进出库设备、配送车辆、装卸设备、冷藏设施、流通加工装置和包装机械等。这些装备并不固定在特定空间，但它们是确保物流系统高效运转的关键组件。

3．运输设备与工具

运输设备与工具是指构成综合运输和配送系统的传输工具与设施，包括车站、线路、桥梁、隧道等固定设施，以及汽车、船舶、飞机等移动工具和交通运输的组织管理方式。运输设备与工具通常构建出特定的通道与节点，是物流系统的物理支撑基础。

4．信息技术及网络

信息技术及网络是指用于收集、传递和处理物流信息的技术与设备系统，包括各种信息技术、通信设备与线路、计算机网络、信息管理系统等，是物流信息系统的核心组成部分。

（二）物流系统的支撑要素

物流系统的支撑要素包括硬件支撑要素和软件支撑要素。

1．硬件支撑要素

硬件支撑要素是指具有物理特性的支撑体系，包括各类交通运输系统及其配套的信息技术与系统等有形实体。

（1）交通运输系统。包括铁路网、公路网、水路航线网、管道网、航空路线网，以及列车、车辆、船舶、飞机等运输工具。

（2）信息技术与系统。涵盖物流信息平台、全球定位系统（Global Positioning System，GPS）、地理信息系统（Geographic Information System，GIS）、条码技术、射频识别（Radio Frequency Identification，RFID）等信息技术工具。

2. 软件支撑要素

软件支撑要素是指无形的组成部分，它们对物流系统的管理和规范化起到了重要作用，如制度、法律、规章、体制、标准等。

（1）体制和制度。体制与制度决定了物流系统的结构、组织形式、领导方式和管理模式。它们为物流系统提供了重要的保障，并明确了物流系统在宏观经济和微观经济中的地位。

（2）法律和规章。物流系统的运行涉及企业或个人权益的问题。法律和规章一方面约束和规范物流系统的行为，使其能够与更大的系统协调运行。另一方面提供法律保障，确保合同的履行、权利的分配和责任的明确都受到法律和规章的支持。

（3）规范和标准。物流环节的协调运行依赖于统一规范的技术标准和作业标准。这些规范和标准是区分物流系统与其他系统的重要特征。

三、跨境电商物流系统构成的功能要素

跨境电商物流系统需具备全面支持跨境贸易物流服务的各项功能，其主要功能模块包括以下内容。

（一）客户服务管理子系统

客户服务管理子系统支持从 eBay、Amazon（亚马逊公司）、AliExpress（全球速卖通）、Wish 等平台提取和发送消息与邮件；可根据不同场景设置自动发送，实现高效沟通；涵盖取消订单申请、退换货处理、纠纷解决等完整的售后服务功能；支持客户数据管理与营销活动，配备客户服务任务分配与完成统计功能。

（二）订单管理子系统

订单管理子系统可无缝对接主流跨境电商平台及自建站，实现线上订单的自动抓取与线下订单的手动导入创建；具备自动分仓、智能审单、标记发货监控、发货超时预警等自动化功能，有效提升订单处理效率；提供多样化的订单状态选项，满足日常订单处理需求，并与

仓配系统无缝对接，实现一键智能发货；支持设置买家黑名单，试算订单利润，帮助卖家提前规避潜在风险。

（三）产品管理子系统

产品管理子系统内置完善的产品数据库，支持自定义产品开发流程；允许批量导入与导出产品资料，自定义产品属性，实现批量更新；与刊登系统无缝衔接，支持产品资料一键推送发布。

（四）采购管理子系统

采购管理子系统采用智能算法驱动采购补货决策，确保库存充足且不过剩；提供高度灵活的采购模式，以适应 Amazon、eBay、AliExpress 等不同平台的需求；支持采购、主管、仓库、财务等多角色协同参与，确保采购流程的及时与准确；具备采购异常的实时统计功能，便于进行供应商绩效评估与优选。

（五）仓库管理子系统

仓库管理子系统支持以 SKU（Stock Keeping Unit，最小存货单位）和仓库为维度的库存查询功能，并提供服务商库存的即时对比功能，可实时同步服务商的仓库库存数据。同时，它还支持不同仓库间的库存调拨操作。

（六）入库管理子系统

入库管理子系统涵盖完整的收货、质检和上架流程，支持"先质检后收货"或"收货后直接上架"两种模式；详细记录收货、质检、上架的全过程，确保库存数据准确无误。仓库可以根据订单号或物流单号直接办理退件入库操作，简化退货流程，提高操作效率。

（七）出库管理子系统

出库管理子系统提供多样化的出货方式，并实现高效的产品分拣与出货流程管理。该系统能够妥善处理出货过程中的异常情况，并记录交接班信息，确保异常问题能够得到及时跟进和解决。此外，系统还支持产品上架、产品借用与归还，以及批量出库等多种操作方式，满足不同业务场景的需求。

（八）头程管理子系统

头程管理子系统支持个性化的头程管理流程配置，并配备 FBA（Fulfillment by Amazon）备货计划功能，以便提前做好备货安排。同时，该系统支持海外仓的头程管理流程，包括 FBA 仓和其他第三方海外仓的管理。系统还能够将海外仓的产品信息直接同步至对应的海外仓，避免 SKU 重复维护的工作，提升管理效率。

（九）数据管理系统

数据管理系统解决了原有报表存在的冗余、表述不清、汇率损耗及数据不准确等问题。用户可以自定义报表，实现多维度的数据分析与图表展示，同时对关键指标进行实时监控。该系统提供了一个集成化的数据平台，有助于企业高效建立数据体系，从而精准分析运营成本，并及时发现潜在的经营风险。

（十）协同子系统

协同子系统支持移动办公功能，能够每日推送任务通知，方便用户随时处理待办事项并查看员工的工作进度。

（十一）产品列表子系统

产品列表子系统可实现产品信息的快速迁移，确保 SKU 在最佳时机展示于目标客户面前，从而提升产品曝光度和销售量。此外，该系统支持将图片存储在海外服务器上，并自动上传至各大电商平台，如 Amazon、eBay 和 AliExpress 等。用户还可以批量调整产品的价格、数量、标题及运输方式等信息。

另外，跨境电商物流系统还涵盖了基本物流系统的各项功能，包括产品包装、流通加工、商品检验与检疫、通关手续、装卸操作、货物搬运以及物流信息处理等。

第三节 跨境电商物流系统的规划

物流系统作为一个庞大的综合性体系，其触角广泛延伸至交通运输、货运代理、仓储运营、流通加工、配送服务、信息咨询、营销策划等多个领域。作为一个复杂的系统，物流系统的发展深受众多内外部因素交织的影响，而这些因素往往变化频繁且具有较高的不确定性。同时，其所依赖的外部环境也处于动态变化之中。因此，无论是对既有物流系统的优化与改良，还是对全新物流系统的开发与构建，科学、系统且具有前瞻性的规划都至关重要。

一、跨境电商物流系统规划的概念与分类

（一）定义

规划本质上是个人或组织对未来一段时期内整体发展路径的前瞻性构想与战略部署，旨在对关乎未来的全局性、长期性、根本性问题进行深度思考与精心筹划，从而绘制出一套完整且可行的行动蓝图。规划是汇聚多方智慧、融合多元要素，对某一特定领域未来发展愿景的集体表达。据此，跨境电商物流系统规划是指明确跨境物流系统的发展目标，并围绕这一目标设计涵盖工程实施、政策措施、运营管理、制度保障等方面的实施方案。

（二）分类

跨境电商物流系统规划可以根据不同维度进行分类。

1. 时间跨度

跨境电商物流系统按照时间跨度可以分为近期规划、中期规划和长期规划，分别对应不同时间尺度内的物流系统发展目标与实施路径。

2. 规划层级

跨境电商物流系统按照规划层级可以细分为发展规划、布局规划

和工程规划。这些规划分别关注物流系统的战略定位、空间布局及具体建设项目等不同层面。

3．规划内容

跨境电商物流系统按照规划内容可以包括国际物流规划、城市物流规划、企业物流规划和行业物流规划，聚焦于不同地域范围、市场主体及产业背景下的物流系统构建。

4．物流节点

跨境电商物流系统规划中的物流节点，例如，物流园区规划、物流中心规划和配送中心规划，皆在针对物流网络中的关键节点进行专项设计与优化。

5．城市规划关联

跨境电商物流系统的城市规划关联体现在城市规划的不同阶段，如总体规划、控制性详细规划和修建性详细规划，确保物流系统规划与城市整体发展框架紧密衔接。

二、跨境电商物流系统规划的意义

（一）对城市建设和发展的益处

随着消费者对物流服务需求的日益增长，物流行业迅速发展，尤其是近几年跨境电商的快速成长推动了物流企业向跨境物流服务领域的拓展。然而，在发展过程中，出现了设施重复建设、城市土地利用不当、交通状况恶化等问题。一个科学而合理的跨境电商物流系统规划，能够从宏观层面对城市建设与发展的利弊进行审视，并对跨境物流系统的布局进行优化，从而促进城市的可持续性发展。

（二）提升消费者服务质量

跨境电商服务于国内外消费者，而物流服务是完成电商交易的关键环节，其服务水平直接关系到消费者的购物体验。通过科学规划跨境物流系统，可以有效提升物流服务的质量，从而提高消费者的整体满意度，为电商平台和物流企业的长远发展奠定良好的基础。

（三）促进跨境物流行业的持续健康发展

跨境物流行业需要同时关注供需平衡问题。一方面，要明确社会对物流服务的具体需求类型、需求量及其分布情况；另一方面，要分析企业能够提供的物流服务种类及其服务质量。为了解决这些问题，需要从宏观角度对物流行业各个发展阶段进行跨境电商物流系统的科学规划，从而为行业的健康、可持续发展提供有力指导。

（四）实现跨境物流的合理布局与高效设施配置

国际物流与国内物流存在显著差异，其要求企业在海外地区设立仓库、配送中心等设施，并建立跨国物流网络。这一过程不仅涉及高昂的成本，还需应对不同国家和地区的法规政策差异。如果缺乏合理规划，可能会对企业造成重大损失。因此，实现合理的布局与高效的设施配置是跨境物流发展的关键。

（五）支撑跨境电商的良性增长

跨境电商的持续增长离不开完善的跨境物流系统作为支撑。目前，跨境物流服务已成为制约电商发展的主要瓶颈。如果能够科学规划并构建一个高效的跨境物流体系，将为跨境电商提供强大的发展动力，推动其实现良性增长。

三、跨境电商物流系统规划的内容

跨境电商物流系统规划涵盖多个层面，主要包括物流系统规划、信息系统规划及运营系统规划。物流系统规划聚焦于设施布局、物流设备规划设计和作业流程设计；信息系统规划着眼于现代物流信息系统的管理与决策支持；运营系统规划则涉及组织构建、人员配置、作业标准和操作规范的设定。这些规划共同致力于实现物流系统的高效化、信息化、标准化和制度化。

物流系统的构建过程可划分为五个核心阶段：准备阶段、系统规划设计、方案评估、详细设计和系统实施。接下来将分阶段详细阐述每个阶段的关键工作。

（一）准备阶段

在构建物流系统的初期，首要任务是明确系统的建设目标、任务及相关背景条件。物流系统的建立可能涉及多个目标，但需明确优先级，以便在设计中准确反映既定策略。在确认物流系统建设的必要性和可行性后，企业应成立筹建小组或委员会进行具体规划。筹建小组应包括制造商、土建部门人员及经验丰富的物流专家或顾问。以配送中心为例，准备过程如图 4-4 所示。

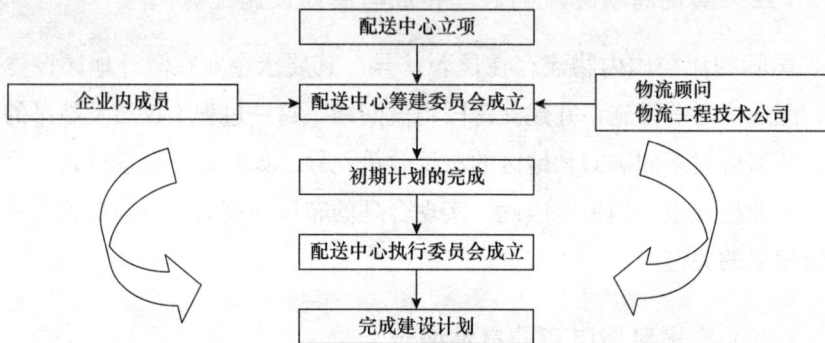

图 4-4　配送中心准备过程

（二）系统规划设计阶段

在此阶段，需要对物流系统进行全面且细致的规划与设计，主要包括以下内容：

（1）核心流程设计。

（2）物流系统的组成要素及能力的规划。

（3）运营系统设计。

（4）平面布局规划。

（5）建筑规划。

（6）制订实施时间表。

（7）建设成本的初步估算。

（三）方案评估阶段

在基本设计阶段，通常会提出若干潜在的系统解决方案。针对这些方案的不同特性，需要运用系统评价方法，或借助计算机模拟技术进行全面的比较与评估。此过程的目的是筛选出最合适的方案，以便在后续的设计工作中对其进行深化和完善。

（四）详细设计阶段

详细设计阶段的重点是细化和明确各项设计参数，包括选定设备的种类和性能指标，确定作业场地布局、办公空间及信息系统的具体配置、规格和数量。此阶段还需要制订一套具体的施工计划，主要工作内容如下：

（1）通过招投标等竞争机制选择合适的设备供应商和制造商。

（2）开展详尽的设计工作，包括拟订具体的执行条款、设备形态，以及其他细节的安排。

（五）系统实施阶段

在系统实施过程中，为了确保系统的整体一致性以及目标与功能的完整性，必须对参与设计和施工的所有团队所负责的内容进行全面审查。这包括评估系统的性能、操作便捷性、安全标准、可靠性及维护的可行性等方面。在选择承担具体制造任务的承包商之前，相关人员应深入其生产现场，对其生产环境、质量控制体系及外部协作件的管理流程进行检查。如发现任何问题，应及时提出并要求改进。在设备制造过程中，还需相关人员定期到现场监督检查，确保产品质量并按时交付。

四、跨境电商物流系统规划的核心问题

跨境电商物流系统规划作为跨境供应链管理的核心组成部分，主要涵盖布局设计、选址与分派决策、运输工具与路径选择等关键问题。妥善解决这些问题，有助于降低供应链整体物流成本，提升供应链管理水平，加快响应市场需求，优化服务质量，增强客户对物流过程的满意度，并减少供应链运营支出。

（一）布局设计研究

早期的布局设计主要依赖实践经验。自 1961 年美国学者理查

德·缪瑟提出具有里程碑意义的系统布置设计（Systematic Lay out Planning，SLP）和系统搬运分析（Systematic Handling Analysis，SHA）理论以来，这些设计方法得到了业界的广泛采纳。进入 20 世纪 60 年代，随着摩尔等学者将计算机技术应用于平面布局与设施配置，布局设计逐步迈入数字化时代。

计算机技术的进步极大地推动了布局设计领域的革新。早期的计算机辅助设施布局软件（如 CORELAP 和 CRAFT）主要采用传统的启发式算法，如构造法和改进法。然而，这类算法存在明显的局限性：在寻找满意解的过程中未能充分考察其他可能的方案，且对初始布局设置高度敏感，可能导致最终布局质量欠佳。

近十几年，人工智能技术的飞跃为设施布局提供了强大而新颖的求解算法。鉴于设施布局问题属于典型的 NP 难问题（NP-hard problem，在多项式时间内无法找到有效的算法解决），人工智能技术成为在有限时间内寻求满意解的有效手段。借助快速并行计算能力，这些算法能够同时生成多个解，从而拓宽候选方案库；同时，它们能够容忍较高成本解的出现，有助于跳出局部最优陷阱，并克服对初始布局设置的过度依赖。因此，人工智能技术在设施布局，特别是优化阶段的应用日益普及。

（二）选址—分派问题研究

选址—分派问题（Location Allocation P roblem，LAP），又称多韦伯问题，由威廉·W.库珀（William W. Cooper）首次明确提出。该问题广泛存在于实际物流场景中，是物流网络系统设计的基础内容。其一般表述如下：设有 n 个客户，其地理位置已知，需由 m 个设施提供服务。任务是确定设施的地理位置，并将其与 n 个客户进行匹配，目标是使整个系统的总成本最小化。

（三）运输工具—路径问题研究

所谓"运输工具—路径问题"（Transportation Routing Problem，TRP），是指在已知客户位置的前提下，规划运输工具在各客户之间的最佳行程路线，其目的是使运输距离最短化或运输成本最小化。早在 1959 年，丹齐克（Dantzig）和 拉姆泽（Ramser）首次引入了车辆路径问题（Vehicle Routing Problem，VRP），引起了学术界的广泛关注。如何有效配置和调度运输工具、优化运输路线以及降低物流成本，是设计物流系统时的关键考量之一。

（四）选址—路径问题研究

博芬特尔最早对选址—路径问题（Location-Routing Problem，LRP）进行概念性研究的是博芬特尔（Boventer）等人。尽管早期研究尝试将选址问题与运输问题分开处理，但和 Cooper 第认识到，选址与路径问题的核心在于确定供应商的最佳位置，并最小化从起点到终点的运输成本。查尔斯·S. 塔皮罗（Charles S.Tapiero）通过引入时间相关的复杂因素，开发了更精确且深入的运输—选址模型（Transportation-Location Model，TLM）。然而，这些早期研究并未涉及在运输网络中设置巡回系统的问题，也未充分认识到 LRP 研究中巡回方式的重要性。

Watson-Gandy 和 Dohm 是最早在运输选址问题框架下研究多个仓库及车辆路径问题的学者。他们在运输选址框架中引入了巡回任务，使得 LRP 的求解过程比一般问题更为复杂，同时也加深了对 LRP 的理解。

LRP 的核心在于结合设施选址问题（Facility Location Problem，FLP）和车辆路径问题。这一综合模型通常需要解决以下交叉问题：确定最优的设施数量、设施能力和设施位置，安排设施服务多个客户 / 或供应商，制定最佳的车辆调度时间表和路径等。其主要目标是确保货物持续、不间断地运输，降低成本并提高效益。

第四节　跨境电商物流系统规划中的典型问题

一、配送中心的物流系统设计

配送中心是专门从事配送业务的核心物流节点。它通过执行分类、存储、加工和信息处理等操作，根据客户的订单需求准备商品，并以迅速、准确和经济的方式进行配送。根据现行《中华人民共和国国家标准：物流术语》，配送中心指执行配送业务的场所或组织。其需满足客户的特定需求，具备完善的配送功能和信息网络，覆盖较小的地理范围，处理多品种、小批量的货物，并以配送为主要功能，辅以储存功能。

（一）配送中心的基本作业流程

配送中心的基本作业流程包括以下几个步骤：

（1）接收并处理订单。

（2）进行采购订货。

（3）入库进货与库存管理。

（4）分拣与整理货物。

（5）进行必要的流通加工。

（6）出货前的集货准备。

（7）装车并进行配送。

（8）制作相关账单。

（9）进行绩效管理评估。

（二）配送中心总体设计

配送中心的总体设计基于其所在地的地形、地质特征，以及配送中心的业务性质、规模、设备设施和对外运输方式等因素，确定各类建筑和结构的相对位置，并合理规划交通线路和附属设施。

1. 基本原则

（1）实用性。总体设计需满足配送中心的操作需求，既要便于收发货物和保管维护，又要确保货物能够快速流通，从而最大限度地提高仓库的吞吐量。

（2）安全性。选址时应充分考虑存储物品及其周围环境的安全因素。

（3）经济性。设计应采用紧凑的布局方式，在确保建筑物之间保持必要防火距离的同时，节约用地，减少建设投资。与此同时，应尽可能提高设施和设备的使用效率，提升劳动效率和经济效益。

2．基本要求

（1）整体设计应充分考虑仓库的整体安全性和防火要求。

（2）平面布局应符合配送中心的作业流程，以提高作业效率。

（3）建筑物布局应充分利用地形条件，尽量减少土方工程量。

（4）应尽量缩短入库货物和人员的移动距离，以提高搬运效率并节约相关费用。

（5）车辆进出应便利，且进出道路应分开设置，以避免交叉干扰。

3．总体设计的一般步骤

（1）根据仓库设施的功能需求进行分区布局。

（2）绘制物流流程图，分析各设施间的关系，明确设施的相对位置。

（3）确定各项设施的面积和防火间距。

（4）计算物流路线的占用面积。

（5）绘制仓库的总平面布置图。

（三）配送中心的设施、设备规划

1．配送中心的空间布局

配送中心的作业区域主要包括验货接收区、存储区、理货区、发货区、加工区和管理区。企业在规划设计这些区域时，应重点考虑以下因素：

（1）设施确认。需明确与规划设计相关的要素，以确定设施规划的限制条件。需要确认的设施包括码头、墙体、窗口、仓库门、柱间距、净高、地面承重、消防设备、温控范围和排水系统等。

（2）确定进货口和出货口的位置。一般可选择以下三种类型：进货与出货共用一个码头的集中型、进货与出货码头位置相邻的中间型，以及进货与出货码头相互独立并分散在厂房周围的分散型。

（3）确定固定区域和固定设施。包括办公室、员工休息室、公共设施、防火设施、堆高机充电处、维修站、打包机等。

（4）确定仓库扩展方向。根据配送中心的建筑结构和设施条件，以及对未来业务量和可能作业方式的预测，明确扩建方向并预留扩建空间。

（5）确定扩建方案的作业区域。包括扩建后的仓库入口、出口、作业区及设备的位置等。

（6）确定主要作业动线。根据作业流程设计合理的主要动线。

（7）定义高频作业区域。包括收货及上架、分拣、装车出货等，应将这些区域设置在靠近入货口和出货口且临近存储区的位置。

（8）定义低频作业区域。低频作业包括处理空托盘、处理退货或调拨商品回存储区、处理剩余商品、商品隔离、商品存储维护、贴标签、包装及员工休息等，应将这些区域设置在远离出货区的位置。

（9）确定主通道位置。以主要动线和搬运设备的最小转弯半径为主要参数，力求使主要动线直线化并缩短其长度。

（10）确定存储方法和副通道。根据商品的物理特性确定存储方法和存储作业工具，并据此规划副通道的位置和宽度。

2．配送中心的建筑物设计

（1）选择建筑结构形式。主要包括钢筋混凝土结构和轻钢结构两种形式，各有优缺点。

（2）确定仓库楼层数和净高。参数选择以天花板净高为标准，即从地面至障碍物（如照明设备、喷淋系统、空调与排风管等设施）的垂直距离。

（3）计算地面负荷能力。根据所储存货物的种类、密度、堆码高度及所使用的装卸机械，计算所需的地面负荷强度与平整度。

（4）确定柱间距。柱间距指的是从一根柱子中心线到另一根柱子中心线之间的距离。

（5）设计通道。通道分为库区外通道和库内通道。库内通道包括主通道、存储通道、人行通道、电梯通道及其他通道。

3．配送中心的设备

配送中心的设备包括作业设施、公用设施，以及用于支持各作业流程的专业设备。

（1）在作业设施方面，配送中心构建了多元化的功能区域，包括卸货验收区、仓储保管区、配货理货区、发货区、加工区、停车场及办公区域等。其中，储运场所及其配套设施构成了主体结构。卸货验收区是用于货物卸载、清点、检验、分类及入库操作的场地，其核心设施为入库站台。立体仓库作为仓储保管区的核心建筑，主要用于存储货物，也是执行库存管理和商品养护作业的场所。理货场是进行货物配货与装配操作的主要区域，各类分装、裁切、混装、包装等流通加工作业则在专门的加工区内完成。办公区域用于处理日常业务和内部管理工作，可以集中布局或分散设置。

（2）在公用设施层面，配送中心配备了完善的给排水、电力、供热与燃气、绿化等系统。给水设施负责确保配送中心生产、生活及消防所需的水源供给，涵盖原水采集、处理及成品水输送分配等各个环节。排水设施负责收集、输送、处理及排放中心产生的污水（包括生活污水与生产废水）和雨水。电力设施包括供电电源、输配电网络等部分，以确保电力供应的稳定性。供热设施涵盖集中热源（如热力站）、供热管网及用户端设施，满足供暖需求。燃气设施包括燃气供应源头、输配设施及用户端设备，保障燃气供应。此外，绿化设施（如草坪、花坛等）不仅可以美化环境，也有助于改善空气质量。

（3）专业设备方面，配送中心配备了一系列用于储存、搬运、拣选、装卸、加工、管理和办公的设备。各类货架、储运箱、托盘等储存设备用于存放货物；手推车、拖车、叉车、输送机、升降机、堆垛机、起重机、板台、滑台等搬运、装卸和拣选设备用于货物的移动和拣选作业；裹包机、装盒机、钉箱机、打包机、条码打印机、钢印设备、拆箱机、称重机、地磅等流通加工设备用于货物的分装、裁切、混装、包装等加工工序。管理与办公设备包括计算机系统、通信设备（如电话等）、文件资料处理与存档设备（如复印机、装订机、文件柜等）及办公家具（如办公桌椅等），为高效管理和运营提供支持。

4．配送中心的设备选择

配送中心设备的选择与设计工作涵盖货架系统及其他设备的详细规格确定，具体包括货架类型、高度、层数、行数、长度、宽度等参数的设定，以及其他设备的具体类别、规格、型号和关键性能指标的选定。在进行设备选型时，通常需要综合考虑以下多方面因素：

（1）配送商品特性：包括商品的包装规格、重量、所需存储单元数量、储存单位类型等基本信息。

（2）存储需求：包括存储密度要求、储位精细化管理需求等与空间利用和库存管理相关的标准。

（3）加工需求：包括配送中心需进行的分装、裁切、混装、包装等流通加工作业的具体内容与要求。

（4）出入库作业量：包括存储频次、每次存取数量、存取单位类型、存取原则等物流活动的规律。

（5）设备间的兼容性。搬运与拣选设备需要与存储设施的类型、空间布局等方面相匹配，以确保作业流程的顺畅运行。

（6）建筑条件。需要综合考虑建筑物的可用净高、梁柱分布、消防设施布局，以及进出口位置等物理环境的限制因素。

（7）投资成本。包括设备购置成本、安装费用，以及设备使用过程中预计的维护保养支出等相关经济因素。

二、物流园区规划

（一）物流园区概述

物流园区（Distribution Park），也称为配送园区、物流场所或物流基地，是指在地理空间上集中布局的一处或多处物流配送中心。它不仅是一个具有相当规模和综合服务功能的物流节点，也是政府为解决城市功能紊乱、缓解交通拥堵、缓解环境压力、顺应物流发展趋势，以及实现货物流通顺畅而采取的重要措施之一。为了吸引大型物流配送中心的聚集，获取规模效益，降低物流成本，同时减小大型配送中心在市中心集中分布或分散分布所带来的不利影响，许多国家的政府在郊区或城乡边缘地带的主要交通干道附近专门划出用地，逐步配套和完善基础设施与服务设施，并提供各种优惠政策。

1. 物流园区产生的原因及作用

物流园区的产生主要基于以下原因：

（1）缓解物流活动对城市交通的压力。

（2）降低物流对城市环境造成的负面影响。

（3）推动城市用地结构的合理调整。

（4）提高物流经营的规模效益。

（5）促进仓储向大型化、机械化、自动化方向发展。

物流园区主要发挥以下作用：

（1）实现大规模物流活动的一体化运作。

（2）显著提升物流的集散功能。

（3）节约大量能源资源。

（4）高效整合物流设施，实现资源优化配置。

2．物流园区应具备的三个基本条件

物流园区应具备以下三个基本条件：

（1）独特的区位优势，通常位于靠近高速公路、铁路、港口、机场等交通枢纽的区域。

（2）完备的基础设施，包括物流设施、信息设施以及辅助设施等。

（3）先进的技术与管理，例如采用电子商务、GPS 等技术，以及现代物流的管理方法。

3．物流园区的主要功能

物流园区的主要功能可以概括为以下几方面：

（1）货物集散功能。

（2）货物中转功能。

（3）配送功能。

（4）流通加工功能。

（5）口岸功能。

（6）商品检验功能。

（7）物流信息服务功能。

（8）物流咨询与培训功能。

（9）商品展示及商业活动功能。

（10）电子商务辅助功能。

（11）提供其他服务，如保安、银行、邮局、餐饮、住宿、废弃物处理和人力外包等。

4．物流园区的占地规模与布局

物流园区作为大型配送中心或多个配送中心的聚集地，其核心区域主要由仓储、运输和加工设施组成。除此之外，物流园区还建设了信息服务、咨询、维修及综合服务等辅助设施。这种综合性的布局使物流园区在现代供应链和物流运作中发挥着至关重要的作用。

随着全球化和电子商务的迅猛发展，物流园区的规模和功能也在不断演变与升级。

物流园区的诞生背景及其核心功能决定了其地理位置的选择。通常，物流园区会选址在市中心边缘或城市外围，这些区域交通便利且土地资源相对充足。为了吸引配送中心等物流企业入驻，物流园区的空间布局必须综合考虑多方面因素。这些因素包括但不限于物流市场的实际需求、地价水平、交通设施的便捷性、劳动力成本，以及环境和生态保护等社会与经济因素。

以德国为例，他们在全国范围内规划和建设货运中心时，会着重考虑以下三个关键因素：其一，确保有两种以上的运输方式可以连接，特别是公路和铁路，以便提供多样化的运输选择和更高的灵活性；其二，选址倾向于交通枢纽地带，这样可以使物流园区的网络与运输枢纽网络更好地融合和优化；其三，经济合理性也是不可或缺的考量因素，这涉及运输方式的选择与利用效率、环境保护与生态平衡的维护，以及确保物流园区内经营者的经济利益。这些细致的规划和考量，都体现了德国在物流园区建设方面的前瞻性和专业性。

（二）我国物流园区的规划建设

近年来，随着我国各级政府逐渐重视现代物流产业，物流园区的规划和建设也开始起步。从当前的发展趋势看，深圳、上海、天津、北京、广州等经济中心城市已经制定了详细的物流园区发展规划，并逐步推进实施；同时，其他地区也在积极响应并进行规划。

在实施过程中，我国物流园区的建设在很大程度上借鉴了国外的成功模式和经验。

1. 我国物流园区的形成原因

我国物流园区的出现是社会生产发展和社会分工细化的必然结果。深入剖析其成因，主要包括以下六个方面：

（1）城市经济的蓬勃发展，对物流服务的需求日益旺盛，推动了物流园区的兴起。

（2）道路交通网络的不断完善和发展，为物流园区的建设和运营提供了便捷的交通条件。

（3）随着经济的快速发展，货运量急剧增加，对物流集散和处理能力提出了更高的要求。

（4）运输方式的多样化与运输工具的持续升级，为物流园区的形成提供了技术支撑。

（5）科学技术的不断进步，特别是信息技术在物流领域的应用，为物流园区的智能化和高效化运营提供了支持。

（6）为了降低物流成本、提高物流效率，物流园区成为一种有效的解决方案。

2．我国物流园区的建设位置

在选择物流园区的建设地点时，我国主要遵循以下原则：

（1）优先选择位于城市边缘、邻近主要交通干线的地段。目前，我国的物流园区主要围绕交通运输部确定的全国45个公路主枢纽以及重要的海港、空港和铁路站场等区域进行建设，以确保货物的快速集散。

（2）选择具有广阔腹地且进出货量稳定充足的区域，以保障物流园区的持续运营和发展。

（3）确保物流园区与两种以上的运输方式相连接，以提高物流的灵活性和效率。

3．我国物流园区的经营方式

在我国，物流园区的运营模式主要分为两种类型：

（1）一种模式是由政府投资并组建物流管理公司，负责基础设施建设和物业管理，同时邀请多家物流企业入驻运营。这种模式有利于政府统一规划和监管，确保物流园区的有序发展。

（2）另一种模式是由企业投资并组建管理公司，负责基础设施建设和物业管理，同时组织自身的物流公司进行运营，并吸引其他物流企业入驻。这种模式更具市场灵活性，能够快速适应市场变化。

（三）物流园区规划实例

位于我国东北沿海某重要交通枢纽地带的某港口，凭借其得天独厚的交通地理优势，致力于打造一个融合海运与陆运、具备"大口岸、大通关、大流通、大辐射"特质的一流物流园区。该园区旨在构建一个自营物流与第三方物流共存、保税物流与非保税物流并举的货物集散中心，为港口内进出货物的高效流转，以及国内外企业在此地的采购与分销活动提供全方位的物流服务支撑。

1. 港口物流园区的总体定位

（1）区域物流枢纽建设：该港口致力于强化功能性基础设施建设，目标定位为服务东北地区并辐射全国的重要物流节点。不仅为本港货物集散提供高效通道，还成为区域内大型厂商采购与分销物流业务的重要平台。

（2）物流产业孵化功能：物流园区的开发与建设和港口业务发展形成良性互动。一方面，园区建设带动了港口业务规模的扩大和业态的拓展；另一方面，港口业务的增长催生了更多物流需求，从而激活并培育了本地物流市场。通过吸引各类物流企业及相关企业入驻，物流园区对港口整体发展起到了显著的推动和促进作用。

2. 园区物流功能定位

（1）物流信息服务：提供实时物流信息查询、数据分析及智能调度等技术支持。

（2）商品展示：销售功能。搭建商品展示平台，支持样品陈列、商务洽谈及现场销售等商业活动。

（3）集货功能。高效汇聚各类货物资源。

（4）货物中转功能。实现货物在不同运输方式和不同流向间的顺畅转运。

（5）流通加工功能。提供货物分装、包装、组装、贴标等增值服务。

（6）分拨配送功能。精准、快捷地将货物分发至指定目的地。

（7）口岸功能。履行进出口货物报关、查验、检疫等口岸作业职能。

3. 物流园区的物流过程

（1）出港物流服务。出港物流服务主要包括内贸和外贸物流服务，其基本作业环节涵盖报关、"三检"、接货、拆箱、仓储、配送及流通加工等延伸物流服务。具体如下：

步骤1：接收港口货物，完成与海运承运人的货物交接工作。

步骤2：对外贸货物完成通关、检验等相关工作。

步骤3：如需对集装箱进行拆箱或对货物进行整理，则对货物进行简单整理后存入仓库。

步骤4：进行货物出货作业，包括简单的重新包装等。

步骤5：进行区域内配送作业，将货物配送至城市配送中心或货主所在地。

（2）进港物流服务。进港物流服务包括报关、"三检"、集货、装箱、仓储、配送及流通加工等各类延伸物流服务。

步骤1：安排集货运输。园区利用自身的运输资源，或与当地运输企业（公路或铁路）联系，签订集货运输合同。

步骤2：运输货物。根据供货商或需求方要求的时间和地点，调派运力将货物从供货商仓库运至港口物流园区仓库。

步骤3：接货。物流园区仓库与运输企业完成货物交接。

步骤4：短暂仓储服务。如果距离报关、报验还有一段时间，集货中心需提供短暂的仓储服务。

步骤5：整理货物、拼装箱。根据需要对货物进行简单整理，包括更换海运包装、加贴标签及拼装箱等。

步骤6：对外贸货物进行报关。

步骤7：将货物运至海运承运人指定的地点，与海运公司或其代理人完成货物交接。

步骤8：货物装船后，物流企业支付运费并取得海运提单，海运过程正式开始。

步骤9：物流企业将海运提单传递给货主，或通过信息网络传输电子提单，同时附上详细的货物信息及船次信息。

4．港口物流园区规划方案

港口物流园区总占地面积为1.2平方千米。根据其功能定位和流程设计，确定物流园区的功能区域布局，以及各区域的主要设施和建设目标。

根据功能定位，物流园区可划分为八大功能区域：仓储配送物流区、集装箱货场、国际物流区、粮食及农资物流区、钢材物流区、多元化物流区、展示交易区和商务办公区。

根据港口物流园区开发和经营模式的不同，物流园区可分为两类功能用地，即港口自营物流用地和多元化经营用地。港口自营物流用地包括仓储配送区、集装箱货场、国际物流区、粮食及农资物流区、钢材物流区；多元化经营用地包括多元化物流区、展示交易区和商务办公区。各功能区域的划分及其主要功能如表4-1所示。

表4-1　港口物流园区的区域布置

编号	区域名称	主要功能	备注
A	仓储配送物流区	仓储 配送 低温库	自营物流
B	集装箱货场	集装箱堆存、中转 拆装箱 生产服务	自营物流
C	国际物流区	保税仓储 汽车堆场	自营物流
D	粮食及农资物流区	海关监管 粮食堆场仓储 化肥堆存仓储	自营物流
E	钢材物流区	钢材装卸作业 钢材堆场 钢材加工、包装	自营物流
F	多元化物流区	集装箱堆存、中转拆装箱	港口出租土地入驻企业 自主建设与经营
G	展示交易区	产品展示、交易	港口出租或出卖土地房 地产开发商投资建设
H	商务办公区	商务办公 餐饮 娱乐休闲	港口出租或出卖土地房 地产开发商投资建设 港口进行物业管理
I	临时堆场区	—	—

（四）我国物流园区建设存在的问题及解决方案

1. 存在的问题

近年来，我国物流园区建设取得了一定成效，涌现出一批颇具影响力的项目。例如，总投资12.7亿元的北京空港物流园区，已吸引北京邮政局和宅急送等企业入驻；青岛前湾国际物流工业园区吸引了马士基、伊藤忠商事及爱通国际物流株式会社等企业加盟；义乌国际物流园区依托义乌小商品市场的优势，成功招揽了APL（美国总统轮船）、东方海外、中海、中外运等国内外知名物流企业。

（1）规划缺乏科学性。物流园区在规划阶段，未能充分考虑交通基础设施（如道路、铁路）与码头、消费市场之间的距离，也未全面评估区域物流量和消费量的实际需求。一些园区规划面积过大，达到数十甚至上百平方千米，但由于投资不足，导致大量土地闲置，未能得到有效利用。

（2）功能定位偏差。部分地区将物流园区视为政绩工程，过度依赖土地出让以增加财政收入，甚至将其异化为商业区或房地产开发区，商业设施占比过高，挤占了应有的物流设施空间。

（3）入驻成本高昂。企业入驻物流园区的成本过高，削弱了园区的吸引力和招商效果。

上述问题的产生，根源在于以下两个方面：

（1）认识误区。未能充分认识到物流园区作为基础设施的重要性，将其简单等同于普通工业园区或商业区，片面寄希望于从物流园区获取高额税收收入和土地出让收益，导致园区功能定位偏离其初衷。

（2）管理体制不健全。物流园区的管理体制尚未真正建立，一些一级开发商以追求利润为主要目标经营物流园区，忽视了其公共服务职能和产业培育功能。

2．解决方案

针对我国物流园区建设中暴露出的种种问题，政府和行业组织正积极提出科学的解决方案，努力引导物流园区建设走向合理、健康的发展轨道。

首要之举是充分发挥政府与行业组织的引导和监管作用。

（1）强化宏观规划与管理：科学合理的宏观规划是物流园区实现理性发展的基石。全球主要经济体均针对物流发展制定了战略规划。例如，日本分别于1997年和2001年发布了《综合物流施策大纲》，明确了物流业的发展方向和具体策略。日本根据经济特征将全国划分为八大物流区域，规划了86个物流园区，并通过干线运输网络构建跨区域物流体系，最终形成全国层面的物流网络布局。再如，德国在物流园区规划中也展现了严谨性和系统性，其首个总体规划涵盖了 28 个物流园区，后续增至 39 个。每个园区的规划均包括交通分析、选址分析、总规设计、当地物流企业分析、经济效益评估等多个环节。

（2）提供政策支持与优惠：为物流园区发展创造有利条件，例如赋予其与经济开发区同等的政策待遇，提供较低的地价优惠，尤其是在中长期贷款方面给予低息或贴息支持。同时，应协调银行、海关、商业、保险、交通、公安等部门，提供一站式、全方位的服务。例如，英国政府在批准物流园区设立时，特别注重考察其交通便利性、环保合规性，以及与周边环境的和谐共生。

其次，我们需要进行科学的规划。

（1）物流园区作为区域物资集散地，其地理位置应满足以下两个条件。首先，物流园区应具有大规模的物流需求，包括大宗进出口贸易、强大的生产制造业基础，以及大量的原材料和产成品贸易活动等。其次，物流园区应靠近重要的交通枢纽。成功的园区通常位于城市边缘，具备优越的交通条件和充足的土地资源。这些区域通常拥有完善的交通基础设施，如海港、内河码头、铁路交会处、航空港，以及"公铁"联运、"公水铁"联运等多式联运方式。此外，在空间布局上，物流园区还需综合考虑物流用地价格、劳动力成本、环境等经济和社会因素。

建设物流园区需要与物流市场需求相适应，只有充分考虑当地物流需求，才能吸引有影响力的物流企业入驻。例如，德国在设立物流园区时主要考虑以下四个方面的因素：一是实现两种以上运输方式的连接，特别是公路和铁路的结合；二是选择交通枢纽中心地带，使物流园区布局与运输网络相适应；三是注重经济合理性，包括较低的地价、数量充足且素质较高的劳动力等，为园区企业创造获得必要利益的条件；四是符合环境保护与生态平衡的要求。此外，对物流园区规模进行科学规划同样重要。

（2）建设物流园区需要投入大量资金。因此，园区规模的确定，既需要与当前实际需求相适应，又需要具有一定的前瞻性，以满足未来一定时期内经济发展的需求。以一个 200 亩的物流中心为例，一般需要 6000 万元的购地资金和 8500 万元至 1 亿元的基本建设费用。近年来，物流园区规模过大的问题逐渐凸显。例如，2003 年规划和建设的多个物流园区，其占地面积均在 200 亩左右（1 亩 = 666.67 平方米）。

最后，物流园区建设需要与区域发展战略保持一致。

区域经济发展战略为地区经济发展制订了目标和实施措施，这在很大程度上影响了与物流园区发展密切相关的物流需求、交通环境等因素，同时也决定了科研机构、人才等支持系统的状况。更为重要的是，相关政府部门为战略实施出台的各种政策，将直接促进或阻碍物流园区的发展。因此，物流园区的发展必须与区域发展战略相一致。

第五章　跨境电商供应链风险和危机管理

第一节　跨境电商供应链风险管理

在全球化的背景下，跨境电商已成为一种新兴的贸易模式，使企业能够跨越国界，直接与全球消费者建立联系。然而，与此同时，这种业务模式也带来了更加复杂的供应链风险。因此，供应链风险管理在跨境电商中显得尤为重要。

供应链风险管理本质上是针对传统企业内部业务部门以及企业间的职能与策略，在供应链层面进行跨职能和跨企业边界的系统性、战略性协调。其最终目标是提升供应链整体及各参与企业的长期绩效。早在20世纪90年代，部分企业已经认识到供应链风险管理能够形成"抱团取暖"的效应，从而共同获取竞争优势，进一步增强整体竞争力。

在跨境电商的情境下，这种管理策略显得尤为重要。随着全球供应和需求的不确定性日益增加，以及产品和技术生命周期逐渐缩短，跨境电商企业所面临的供应链环境正在经历快速变革。从产品结构、生产流程到管理方式，各方面都在持续发生日新月异的变化。这些变革虽然为跨境电商的供应链带来了更高的效率与响应速度，但同时也放大了供应链整体及其各个环节的风险。

跨境电商涉及跨国交易，更容易受到外部环境的影响，例如汇率波动、国际贸易政策变化以及物流延迟等。此外，跨境电商通常需要多方合作，信息不对称、供应不稳定以及国际竞争环境中的不确定性等因素，也可能导致供应链管理面临巨大风险。一些重大事件，例如国际金融危机、全球性的安全生产事故、自然灾害或恐怖袭击等，都可能对跨境电商企业造成严重冲击。

　　近年来，跨境电商企业的管理者逐渐认识到，单纯追求利润最大化不再是唯一的目标。他们更加关注预期利润的稳定性及各种风险可能带来的后果。除了关注自身企业的风险，他们也开始更加重视与供应链上下游合作伙伴之间的风险共享与管理。

一、跨境电商供应链风险管理概述

　　跨境电商供应链风险管理作为新兴领域中重要的一环，其发展历程可划分为三个阶段：传统供应链风险管理阶段、现代供应链风险管理阶段及全面跨境电商供应链风险管理阶段。

（一）传统供应链风险管理阶段

　　早期的跨境电商供应链风险管理主要关注信用风险与财务风险，尤其侧重于贸易伙伴的信誉评估、资金流动性管理，以及防范价格波动所带来的财务风险。这一阶段的风险管理往往具有事后应对的特点，即在风险发生后采取应对措施，而非主动预防。其局限性在于缺乏系统性和全局视角，对供应链中复杂的交互关系及潜在风险点认识不足，难以有效应对日益多元化、动态化的全球贸易环境。

（二）现代供应链风险管理阶段

　　进入 21 世纪，在互联网技术的推动下，全球电子商务迅猛发展，跨境电商供应链面临着前所未有的复杂性与不确定性。贸易政策变动、汇率波动、物流中断、数据安全问题、知识产权争议、消费者权益保护等问题层出不穷。单一的风险因素可能引发连锁反应，对整个供应链造成深远影响。在这一背景下，传统的零散式风险管理模式已无法满足跨境电商企业的实际需求，全面风险管理的理念开始得到广泛认同。

（三）全面跨境电商供应链风险管理阶段

　　当前，跨境电商供应链风险管理被视为一个涵盖战略规划、运营执行、内外部环境适应等全过程的综合性管理体系。该体系不仅要求董事会、管理层及全体员工的共同参与，还需与企业战略紧密结合，深入渗透至供应链的各个环节与层级，旨在确保供应链的高效运作、财务稳健、法规遵从及核心竞争力的提升。

借鉴 COSO-ERM[①]，跨境电商供应链风险管理同样可以构建一套包括内部环境、目标设定、风险识别、风险评估、风险应对、控制活动、信息与沟通和监控在内的八大要素体系。具体如下：

1．内部环境

塑造积极的风险文化，建立合理的组织架构、职责分工和权力制衡机制，确保员工提升风险意识，遵守规章制度

2．目标设定

明确跨境电商供应链的战略目标、业务目标及风险管理目标，确保风险管理工作与企业整体战略目标保持一致。

3．风险识别

全面梳理跨境电商供应链各环节可能面临的风险，包括但不限于政策风险、市场风险、供应链中断风险、数据安全风险、合规风险和品牌声誉风险等。

4．风险评估

运用定性与定量相结合的方法，对识别出的风险进行可能性和影响程度的评估，确定风险等级，以便优先应对重大风险。

5．风险应对

根据风险评估结果，制定针对性的风险应对策略，如风险规避、风险降低、风险转移或风险接受，并确保风险应对措施与企业的风险偏好相符。

6．控制活动

应建立并完善跨境电商供应链的各项内部控制措施，如采购管理、库存控制、物流监控、质量检验、支付安全、数据加密等，以有效落实风险应对策略。

7．信息与沟通

---

① COSO 是美国反虚假财务报告委员会下属的发起人委员会（TheCommittee of Sponsoring Organizations of the Treadway Commission）的英文缩写。COSO-ERM 是在 COSO 框架下建立的全面风险管理体系（ERM）。

应构建畅通的信息传递机制，确保风险信息在供应链内部，以及企业与外部利益相关者之间能够及时、准确、完整地传递，从而提升企业的风险意识并提高决策的有效性。

8．监控

需定期开展风险评估和内部控制的自我评估或独立审计，监测风险变化趋势及控制活动的执行效果，并及时调整风险管理策略与措施，形成完整的风险管理闭环。

二、跨境电商供应链风险识别

（一）跨境电商中的风险与不确定性

在跨境电商的运营过程中，任何不确定性交易或操作都伴随着风险。这种不确定性主要来源于两个方面：易变性与模糊性。易变性是由于国际市场的快速变化，某一时刻的测量指标可能随时在一系列可能值中波动。这种多变的市场环境为跨境电商带来了不确定性。模糊性则是因为跨境电商涉及多国法规、文化差异等信息，而这些信息可能存在多种解释，从而进一步增加了不确定性。

对于跨境电商而言，风险管理不仅涉及对风险本质的认识与分析，还包括计算风险事件发生的概率（通常基于过去类似事件的发生频率）、评估风险事件可能带来的后果或影响，以及制定降低或抵消风险的策略。

风险管理作为应对不确定性的学科，在跨境电商中尤为重要。它可以被定义为跨境电商企业处理与其国际业务活动相关的风险的过程。通过这一过程，企业能够有条不紊地应对风险，从而有望实现每项业务活动及整体业务组合的长期收益。

跨境电商供应链风险是指由供应链内部和外部环境中的不确定性因素所导致的，可能造成供应链中断或运营障碍的情况。这些不确定性不仅会影响单一环节，还可能波及整个供应链。

（二）跨境电商风险的后果

虽然风险通常与"不期望的结果"联系在一起，但在跨境电商中，风险不仅可能带来损失，也可能孕育机会。过度追求消除所有不确定性或风险可能导致企业错失投机或投资机会，从而无法实现预期的增长和创新。"风险与收益并存"的原则在这里同样适用。例如，尝试进入新的国际市场或推出新的产品系列都伴随着风险，但也可能带来巨大的收益。因此，合理的风险评估对于跨境电商企业实现目标至关重要。它有助于企业在保障稳健运营的同时，最大化绩效和利润率。

（三）跨境电商中有效风险管理的益处

积极主动地对跨境电商供应链进行系统性风险管理，可以带来以下益处：

（1）避免或减少因国际风险事件（如汇率波动、贸易政策变化等）产生的成本损失。

（2）保障国际生产和收入流的稳定性，降低运营中断的风险。

（3）通过减少供应链的脆弱性，确保国际供应的安全性，尤其是在应对复杂的全球供应链环境时。

（4）提升企业和供应链的灵活性及韧性，确保在面临国际危机时能够迅速恢复运营。

（5）吸引并留住具有全球化视野的高素质员工、优质供应商和战略合作伙伴。

（6）加强组织与全球供应链各环节之间的协同合作，提升整体效率和竞争力。

（7）增强利益相关者（如投资者、客户、供应商等）的信心和满意度，从而巩固企业在国际市场的地位。

（四）风险识别技术

跨境电商供应链风险识别是指识别可能导致供应链活动中断、效率下降、成本增加、合规问题或声誉受损等不利情况的所有潜在因素，并对其发生概率进行初步评估的过程。作为风险管理的关键步骤，风险识别具有一定的主观性和依赖经验的特点，但通过使用系统化的方法和工具，可以显著提高其准确性和全面性。

跨境电商供应链风险识别可以采用以下多种方法和技术。

1．风险顾问咨询与报告追踪

聘请专业的风险顾问进行深入分析和跟踪，并定期获取最新的风险评估报告及行业动态。

2．环境扫描与评估

密切关注国际贸易政策、法律法规、市场动态、汇率波动及地缘政治等因素的变化，评估这些变化对供应链可能带来的影响。

3．业务范围扫描

审视新市场机遇、业务模式及合作伙伴关系等引入的风险与机会，确保实现风险与收益的平衡。

4．行业风险事件监测

收集并分析同类跨境电商企业在供应链中发生的重大风险事件，总结经验教训，预防类似风险的发生。

5．市场情报与信息系统

运用大数据、人工智能等技术，实时收集、整理和分析市场数据、竞争情报及供应链数据，为风险识别提供数据支持。

6．关键事件调查

深入分析重大供应链中断、合同纠纷、项目延误等事件的根本原因，识别风险源并完善风险管理措施。

7．情景分析与建模

使用计算机模型、电子表格等工具，模拟不同风险变量的变化及其对供应链的影响，为制定风险应对策略提供量化依据。

8．过程审计与检查

定期对供应链各环节（如采购、仓储、物流、质检、支付、售后等）进行内部审计与检查，识别潜在风险点及控制缺陷。

9．供应链脆弱性评估

对供应链的结构、地域分布、供应商集中度以及技术依赖性等方面进行深入分析，识别潜在的供应链脆弱性。

10．专项风险评估

针对特定环境变化（如贸易争端）或高价值项目，开展专项风险评估，并制订相应的风险应对预案。

11．利益相关者与专家意见征询

通过头脑风暴、问卷调查、研讨会等方式，广泛征集内部团队、供应商、客户以及行业专家等各方对供应链风险的意见和建议。利用思维导图、因果分析图、决策树等可视化工具对意见进行整理和分析。

12．第三方风险审计与咨询

聘请独立的第三方机构开展供应链风险审计，获取客观、专业的风险识别与管理建议。

（五）跨境电商供应链图析技术

跨境电商供应链图析技术是一种直观展示供应链运作过程、节点关系及时间维度的工具，对识别供应链风险具有重要价值。通过绘制供应链网络图或流程图，可以清晰呈现以下关键信息。

1．供应商交互连接

揭示物料、信息和增值资源从源头供应商到最终消费者的流动路径，明确关键节点与依赖关系。

2．运输路线与时间

标注各节点间物资转移的运输方式、距离和时间，评估运输风险及其对供应链响应速度的影响。

3．库存分布与周转

分析供应链各环节的库存水平和周转率，评估库存积压、缺货等风险，并为库存策略优化提供指导。

4．供应链中断恢复能力

模拟供应链中断场景，计算从不同节点补充库存所需的时间，评估供应链的韧性及快速恢复能力。

通过供应链图析，跨境电商企业可以针对识别出的风险领域，采取以下应对策略：

（1）供应链伙伴协作与供应商、物流商等合作伙伴保持密切沟通，共同制订风险防控计划，加强对供应链薄弱环节的管理。

（2）关系与契约保护。强化与关键供应商的关系管理，优化合同条款，确保在风险发生时能够有效保护自身权益。

（3）多级供应商管理。加强对一级供应商及其下级供应商的管控要求，降低低层级供应商风险对整体供应链的影响。

（4）备用供应源开发。积极寻找并验证备用供应商，实施多元化供应商策略，降低供应链对单一供应商的依赖风险。

（5）制定安全库存策略。在关键节点适当增加安全库存，以缓冲供需波动、供应中断等风险对运营的影响。

（6）制订应急运输计划。针对易受干扰的运输线路，预先制订备用运输方案，确保在突发情况下供应链仍然正常运转。

三、跨境电商供应链风险评估

跨境电商供应链风险评估是对潜在的以及已识别的跨境电商供应链风险事件的发生概率及其可能带来的严重程度进行详尽分析。简而言之，就是探究"这一风险事件发生的可能性有多大？"以及"一旦发生，它可能造成的负面影响有多大？"

为了量化这种风险，我们可以使用一个基础公式：

$$风险＝可能性（概率）\times 影响（负面后果）$$

首先，风险的可能性，也称为风险概率，是指在考虑到风险的具体性质和当前的风险管理措施后，某一风险事件发生的概率。这种可能性可以用0（完全不可能发生）到1（确定会发生）之间的数值来表示，或者转化为百分比（0%～100%）、分数值（如从0到10的评分）或等级形式（如低、中、高）。风险事件发生的概率越高，它在风险管理策略中的优先级就应当越高。

其次，风险的影响是指对跨境电商企业可能面临的损失、成本增加，或对企业实现既定目标能力的潜在影响。这种影响的严重性同样可以进行量化处理，例如通过估算直接或间接成本、损失来表示，也可以通过评分（如1到10的评分系统）或等级评定（如低、中、高等）来衡量。

在跨境电商的语境中，供应链风险的大小主要取决于不确定性事件发生的概率以及这些事件一旦发生后可能带来的后果的严重程度。例如，对于高概率发生的事件，企业可能难以找到有效降低事件发生概率的方法。因此，企业的重点应放在如何最小化此类事件发生后可能带来的影响上。而对于那些发生概率较低但潜在影响巨大的事件，例如突然的政策变化导致进口受限或物流成本大幅上升，企业应制定完善的应急和恢复计划，以确保一旦发生此类事件，能够迅速且有效地应对。尤其是对于那些尽管发生概率极低但一旦发生就可能带来灾难性后果的事件，跨境电商企业应予以高度重视并做好充分准备。

四、跨境电商供应链风险应对

在跨境电商领域，供应链风险应对是一项综合性策略的制定过程，涉及改变风险后果的性质、降低风险发生的概率或风险后果的程度。以下将详细介绍跨境电商供应链中的六种策略：风险回避、风险转移、风险缓解、风险预防、风险自留及后备措施。具体采用哪一种或几种策略，应根据实际的供应链风险状况来决定。

（一）风险回避

风险回避策略在跨境电商供应链管理中尤为重要。当某个项目或业务活动的潜在风险过大，可能带来的不利后果极其严重，且无法通过其他策略有效降低时，主动放弃该项目或调整业务目标与执行方案便成为明智之选。这种策略的核心在于消除风险产生的条件或根源，从而尽可能避免风险的发生。

在跨境电商的供应链风险管理中，对于已识别的各类风险，如政治风险、汇率波动风险等，管理者需要通过风险澄清、信息收集、加强沟通与协作以及咨询专家意见等方式进行全面的风险评估。一旦发现某项业务活动面临巨大的潜在威胁，且无法采取有效的控制措施时，就应考虑放弃或调整该业务活动，以避免可能的重大经济损失。例如，在目标市场政治局势不稳定或法律政策不明确的情况下，企业应暂停或放弃在该市场的业务扩展计划。

（二）风险转移

在跨境电商供应链中，风险转移策略同样重要。这一策略主要通过合法、正当的方式，将特定风险及责任转移给其他实体。风险转移可以通过保险或非保险的方式实现。保险方式主要是通过购买相应的保险产品来分担风险，如货物运输保险、信用保险等；非保险方式则主要通过合同条款的设定来完成风险的转移，例如与供应商签订包含风险分担条款的合同。

针对跨境电商中的海外供应商风险，企业可以制订全面的保险计划，以应对可能的商业突发事件对供应链造成的影响。同时，为了避免因供应链中断导致的生产停滞，企业可以与第三方物流服务提供商合作，通过合同明确服务水平及风险分担机制，从而有效转移供应链风险。

（三）风险缓解

风险缓解策略是在跨境电商供应链风险管理中一种更为积极和主动的策略。该策略旨在通过一系列措施降低风险事件发生的概率或减轻其后果的严重性。与风险回避不同，风险缓解是在接受风险存在的前提下，寻求降低风险影响的解决方案。

在跨境电商供应链中实施风险缓解策略可以采取多种形式。例如，增加项目资源投入以提高供应链的稳定性和抗风险能力；调整项目进度计划以应对可能的延误风险；针对关键供应商或唯一供应商建立备份计划以减少供应链中断的风险。这些措施都有助于将潜在风险的影响降低到企业可接受的范围，从而保障跨境电商业务的持续稳定运行。

（四）风险预防

跨境电商供应链的风险预防是一种至关重要的策略，其目的是主动出击，通过一系列措施降低风险事件发生的概率。与传统供应链缩短周转时间的策略相似，跨境电商也需通过优化流程和增强网络弹性等方式，减少周转时间并防止供应链中断。然而，由于跨境电商具有全球化的特点，风险预防策略需要更加全面和灵活。

在构建全球供应链网络时，企业应注重优化全球资源配置，平衡不同资源获取方案的收益与风险，设计出具有弹性的网络结构。这样的设计不仅有助于企业快速应对市场变化，还能在面临风险时提供更多的选择和调整空间。

为了更有效地实施风险预防策略，跨境电商企业可以采取以下实用的方法：

（1）通过协同需求预测和供应商管理库存（VMI）等方式，与全球分销商和零售商建立紧密的合作关系。这不仅能提高需求规划的准确性，还能在面临风险时获得合作伙伴的支持和缓冲。

（2）提高供应链的可视化程度是关键。通过利用现代信息技术，实现货物从下单到接收的全程监控，使企业能够根据实时信息动态调整运输和库存计划。

（3）推动产品零部件的标准化以及多元化采购是降低风险的有效手段。通过混合使用来自不同供应商的零部件，可以提升供应链的灵活性。同时，企业应建立备选供应商方案，以应对可能出现的供货风险。

（4）在供货服务协议中加入柔性要求也是一种明智的策略。这种设计能够在突发事件发生时，为企业提供更多调整的空间和时间，从而减少经营的被动性。

（5）降低产品复杂性同样至关重要。简化的产品不仅可以缩短生产时间，还能显著提升企业在面对供应危机时的响应速度与适应能力。

（6）针对不同产品制定个性化的订货策略也是不可忽视的关键。通过单独建模和优化库存管理，企业能够更有效地应对交货延误及提前期波动等不确定性问题。

（7）密切监控风险预警信号至关重要。除了常规的服务水平、提前期、库存和物流成本等绩效参数外，企业还应关注订单延迟时间、零部件交付的可变性以及汇率波动等其他供应链风险指标。

在实施这些预防策略时，企业需要在供应链管理部门的组织结构中设立专门的风险预防机构。尽管这可能会增加一定的项目成本，但这些机构的专业经验和工作成果将有助于企业从根本上消除风险因素，确保跨境电商供应链的持续稳定运行。

（五）风险自留

风险自留是指供应链团队在充分识别并评估风险后，决定按原定计划应对特定风险；或者在无更优策略可供选择的情况下，自行承担风险所带来的潜在损失。跨境电商企业在面对供应链风险时，主动选择风险自留通常基于以下考虑。

1. 风险可接受性

风险已被评估为在企业的风险承受范围内，即使发生，其影响在企业财务、运营或声誉等方面仍处于可容忍水平。

2. 成本效益分析

与采取其他风险管理措施（如购买保险或签订风险转移合同）相比，自留风险的成本更低，或者预期收益高于额外投入。

3. 风险准备充分

企业已针对预期风险建立了完善的应急预案，包括设定应急储备金、预备替代资源、培训应急响应团队等，以确保在风险事件发生时能够迅速、有效地应对。

主动风险自留的核心在于周密的计划与充分的准备。企业应从以下几个方面着手：

（1）识别并量化风险。明确风险的来源、性质、可能的触发因素及潜在损失程度。

（2）制订应急计划。根据风险特征设计应急响应流程，包括启动条件、责任分工、资源调配、沟通机制等内容。

（3）建立风险储备。设立专门的风险储备金、备用库存或预留时间等资源，以应对风险事件可能造成的直接或间接损失。

（4）定期复评与调整。随着内外部环境的变化，定期更新风险评估结果，并适时调整风险储备规模和应急计划。

（六）后备措施

后备措施是应对供应链风险的重要手段之一。尤其是在项目实际进展偏离预期、原有计划无法有效应对风险的情况下，启用后备措施能够确保业务的连续性和目标的达成。跨境电商企业应预先制定多种类型的后备措施，以应对不同层面的风险。

1. 费用后备

预估风险事件可能带来的额外成本，设立专项预算或融资渠道，确保在风险发生时拥有充足的经济资源以应对成本超支。

2．质量后备

储备优质的替代供应商、备份生产设施或备用质量管理流程，以应对产品质量问题、供应中断或生产故障等情况，确保产品和服务质量的稳定性。

3．技术后备

配备备用技术解决方案、备份信息系统或技术应急团队，预防技术故障、网络安全事件或系统升级失败等风险，保障技术系统的稳定运行。

跨境电商企业在实施风险应对策略时，应注意以下几点：

（1）风险分级管理。对供应链风险进行优先级排序，优先处理高风险、高影响的事件，合理分配资源。

（2）策略组合应用。根据风险特性及企业战略，灵活运用风险转移、风险规避、风险缓解等多种策略，形成风险应对矩阵，以全面提升企业应对风险的能力。

（3）动态调整策略。定期评估风险应对的效果，并根据市场变化、法规更新、供应链合作关系调整等因素，及时优化和调整风险应对策略，以确保策略的适用性和有效性。

五、跨境电商供应链的风险监控与分析

跨境电商供应链的风险同样经历发生与发展的过程，因此，对其进行持续的风险监控与分析至关重要。这一环节的核心目的是动态追踪和掌握跨境电商供应链中的各类风险及其变化趋势，确保供应链风险管理计划能够有效执行，并对相关风险信息进行归档和总结反思。

通过深入的风险监控，我们能够在风险事件发生时，迅速触发风险管理计划中预设的应对措施。同时，随着市场环境、供应链结构或业务需求的变化，我们需要对风险进行重新评估，并及时更新风险管理策略，以确保其与实际需求相契合。

在跨境电商供应链的风险监控与分析中，可以采用核对表、定期评估报告、净值分析工具、风险应对计划以及深入的风险分析等方法。这些工具和技术的运用不仅能够帮助我们及时识别风险，还能提

供有效的应对策略。风险监控的积极成果体现在快速调整策略、及时纠正行动偏差、响应变更需求以及不断优化风险应对计划等方面。

风险管理在跨境电商供应链中应被视为一项高优先级任务。我们需要全面考虑各种潜在风险，并设计科学、合理的响应机制，以最大程度地降低风险带来的损失。这种风险管理机制应能够快速响应并有序解决供应链中的问题，从而减少对公司声誉和客户满意度的影响。同时，还需要采取有效的监督措施，以确保风险管理能力的持续提升。

为了更好地实施风险监控与分析，跨境电商企业应建立一套完善的风险管理与监控信息系统。该系统应具备实时监控风险以及动态调整风险管理计划的功能，从而确保企业能够及时制定降低风险的策略，并迅速应对供应链合作中可能出现的各种风险。通过这种方式，不仅可以保障跨境电商供应链的稳定运行，还能在面临挑战时快速反应，维护企业的整体利益。

第二节　跨境电商供应链危机管理

在全球化日益加速和市场经济快速发展的背景下，跨境电商供应链展现出其脆弱性。与传统供应链类似，跨境电商供应链同样面临着多种潜在危机，如自然灾害、人为破坏以及政策变化等。这些因素都可能严重影响供应链的稳定性，甚至导致供应链中断。

为了有效应对这些潜在危机，跨境电商企业必须采取积极的应对措施。首先，企业需要树立"生于忧患，死于安乐"的危机意识，时刻保持警惕，预防潜在风险的发生。其次，发展多种供应渠道至关重要。这不仅可以降低对单一供应商的依赖，还能在供应链出现问题时，迅速切换到其他可靠的供应渠道，从而确保业务的连续性。

与此同时，与供应商建立战略合作伙伴关系也是至关重要的。企业与供应商建立长期且稳定的合作关系，不仅可以增强双方的信任与协作，还能提高供应链的韧性和灵活性。在危机发生时，这种紧密的合作关系将有助于双方共同应对挑战，最大程度地减少损失。

此外，建立多种信息传递渠道也是防范信息风险的关键。在跨境电商供应链中，信息的及时性与准确性至关重要。通过多种渠道获取并传递信息，可以有效降低信息失真和延误的风险，从而帮助企业作出更加明智的决策。

值得注意的是，即使在物流体系发达的国家（如美国），供应链仍然展现出一定的脆弱性。这主要是因为供应链物流的管理者往往忽视了制定有效的危机应变策略的重要性。当突发事件发生时，他们可能会陷入束手无策的境地。因此，跨境电商企业必须深刻认识到供应链管理中危机管理的重要性，并制定切实可行的危机应对策略。

一、跨境电商供应链危机的含义及特征

（一）跨境电商供应链危机的概念

跨境电商供应链危机是指在跨境电商运营过程中，由供应链内部或外部因素引发的严重问题或事件。这些问题或事件会对供应链的正常运作、效率、成本，乃至企业的声誉和生存能力产生显著的负面影响，可能导致供应链中断、商品供应短缺、交货延迟、成本剧增、客户流失、法律纠纷等一系列不良后果。

（二）跨境电商供应链危机的特征

1. 跨地域性

跨境电商供应链涉及不同国家和地区的多个环节，包括采购、生产、仓储、物流、通关、配送等。其危机往往跨越国界，受到全球政治、经济、法律、物流环境等多方面因素的影响，从而增加了危机的复杂性和应对的难度。

2. 供应链的深度与广度

跨境电商供应链通常比传统供应链更加复杂，涉及更多的参与者（如电商平台、供应商、物流服务商、支付平台、海关、税务机构等），且环节更多、链条更长。危机可能在供应链的任何一个节点爆发，并快速蔓延至整个链条，形成多米诺骨牌效应。

3. 高度依赖信息技术

跨境电商高度依赖电子商务平台、云计算、大数据、物联网等信息技术。信息系统的安全性、稳定性及兼容性问题可能导致数据泄露、系统瘫痪或交易中断等危机，从而直接影响供应链的正常运行。

4. 法规与合规风险

跨境电商涉及不同国家和地区的法律法规，包括关税政策、进出口管制、数据保护以及消费者权益保护等。法规的变动或不合规行为可能导致供应链中断、巨额罚款及品牌声誉受损等严重危机。

5. 物流与交付的不确定性

跨境物流涵盖国际运输、仓储、清关等多个环节，受到航线拥堵、港口延误、物流中断、天气灾害及政策限制等多种因素的显著影响。物流瓶颈或中断往往会成为供应链危机的重要诱因。

6. 市场与需求波动

全球市场环境、消费者行为及竞争态势瞬息万变。市场需求的突然变化或剧烈波动可能引发库存积压、断货、价格战等问题，这对供应链的敏捷响应能力以及需求预测的准确性提出了极高要求。

7. 金融风险

汇率波动、贸易融资困难及支付风险等金融因素对跨境电商供应链构成潜在威胁。尤其是对于依赖外汇结算、长账期赊销或贸易融资的企业而言，金融风险可能导致现金流紧张、利润缩水，甚至引发资金链断裂。

8. 品牌与声誉风险

产品质量问题、虚假宣传及售后服务不佳等情况可能引发消费者投诉和负面舆论，损害品牌形象，进而削弱消费者对企业的信任。这不仅可能导致销售额下滑，甚至还可能引发法律诉讼。

二、跨境电商危机分类

以下将分析跨境电商供应链中潜在的危机类型。

（一）从危机来源分类

跨境电商的危机来源多样化。根据其来源，这些危机大致可分为两大类。

1．自然灾害类

与所有供应链一样，跨境电商同样面临自然灾害的威胁，例如台风、地震、洪水和雪灾等。这些来自自然界的破坏力巨大，且往往难以预测或抵御。近年来，随着全球环境变化加剧，自然灾害的发生频率呈上升趋势，这无疑增加了跨境电商运营的风险。例如，暴风雨可能导致交通中断，从而使物流受阻；地震可能破坏仓库和交通设施，影响货物的存储与运输。这些不可抗力因素均可能对跨境电商构成严重威胁。

2．人为因素类

（1）供应链的连锁反应。跨境电商的供应链通常涉及多个国家和地区的供应商、物流服务商、分销商以及最终消费者，这使得供应链的结构更加复杂。任何一个环节出现问题，都可能引发连锁反应，进而对整个供应链造成冲击。尤其当供应链中存在独家供应商或独家物流服务商时，这种潜在危机更为严重。一旦这些独家供应商或服务商出现问题，整个供应链可能面临崩溃的风险。

（2）信息技术的缺点。跨境电商高度依赖信息技术，如网络传输、服务器运行、软件设计等。但这些技术并非完美无缺，可能存在各种缺陷和漏洞。例如，网络传输速度的人缓慢可能导致订单处理延迟；服务器的不稳定可能引发数据丢失或系统崩溃；软件设计中的缺陷可能影响用户体验，甚至造成经济损失。此外，网络安全问题也是不可忽视的威胁，如病毒攻击和黑客入侵等。

（3）信息传递问题。随着跨境电商供应链规模的扩大和结构的复杂化，信息传递过程中出错的概率也在增加。例如，订单信息的输入错误可能导致发货错误或延误；物流信息的误解可能引发配送问题。这些信息传递问题不仅会影响客户满意度，还可能给企业带来经济损失。

（4）文化差异与冲突。跨境电商涉及多个国家和地区，不同文化背景下的企业和员工可能具有不同的价值观和工作方式。这种文化差异可能导致沟通障碍、合作困难以及冲突等问题。如何协调和融合不同文化背景下的供应链成员，是跨境电商面临的一项重要挑战。

（5）政治经济风波与地缘政治风险。跨境电商的运营不仅受到经济因素的影响，还受到政治和地缘政治因素的制约。例如，贸易争端、制裁措施、政治动荡等都可能对跨境电商造成严重冲击。此外，恐怖袭击、罢工等社会事件也可能导致供应链中断或运营困难。因此，跨境电商企业需要密切关注国际政治经济形势，以便及时调整战略和采取应对措施。

（二）从危机对供应链的不同影响分类

从危机对跨境电商供应链的不同影响看，可以将对跨境电商面临的危机划分为以下三种主要类型。

1．造成供应失效的危机

在跨境电商领域，供应失效的危机可能源于多方面因素。首先，供应商环节可能出现问题，如供应商的生产中断、原材料短缺或质量问题等，这些因素可能导致跨境电商无法及时获得所需商品，从而造成供应中断。此外，分销中心也可能面临危机，例如物流延误、库存短缺或管理混乱等，这些问题同样会导致供应链的断裂。这类危机对跨境电商的影响尤为显著，可能导致销售停滞、客户满意度下降以及市场份额的流失。

2．造成需求失效的危机

跨境电商面临的需求失效危机，主要指由于市场需求的突然变化或消费者行为的转变，企业在短时间内无法满足市场需求，从而引发客户信心下降、市场份额缩减以及重要客户流失等问题。例如，当消费者偏好发生快速转变时，如果跨境电商无法及时调整产品策略和供应链策略以适应这种变化，就可能陷入需求失效的危机。此外，竞争对手的市场策略调整、政策法规的变化等因素，也可能成为引发此类危机的原因。

3．造成内部运营失效的危机

对于跨境电商而言，内部运营失效危机主要体现在企业的运营流程和信息系统等内部环节。例如，生产设备的故障、信息系统的崩溃或数据的丢失等问题，可能导致企业的运营中断。这类危机不仅会影响跨境电商的日常运营和订单处理效率，还会对客户满意度和品牌形象造成负面影响。此外，供应链成员之间的运营问题，如沟通不畅、协调不力等，也可能引发内部运营失效的危机。因此，跨境电商需要建立完善的内部运营机制和应急预案，以应对可能出现的各种运营风险。

三、跨境电商供应链危机应对措施

跨境电商供应链因其全球性、复杂性及高度信息化等特点，面临诸多潜在危机。为有效应对这些危机，企业应遵循危机防范与应急管理相结合的原则，构建全面、立体的危机应对体系。具体措施如下。

1. 建立"生于忧患"的危机意识

在跨境电商企业中，危机意识不仅体现为对潜在风险的警觉，更是一种对供应链深层问题的洞察力与前瞻性。企业领导者应倡导并践行"生于忧患"的危机文化。例如，比尔·盖茨曾强调："微软离破产永远只有18个月"；张瑞敏提出要保持"如履薄冰，如临深渊"的心态，任正非则提醒道："华为总会有冬天，准备好棉衣，比不准备好"。这些理念警示企业需时刻保持警惕，积极预见并防范可能出现的供应链危机。

2. 构建多元化、多地域的供应链网络

为抵御单一供应商风险和地域性风险，跨境电商企业应积极构建多元化的供应链网络，与多个供应商建立合作关系，避免过度依赖某一供应商。同时，考虑到战争、自然灾害、政策变动等因素可能对特定地区供应链造成的影响，企业应布局多地域供应链，分散风险。企业需定期对供应商进行跟踪评估，掌握其经营状况、产能、质量控制及交货能力等关键信息。一旦发现问题供应商，应及时调整供应链战略，确保供应链的稳定性与韧性。

3. 深化与核心供应商的战略合作关系

在跨境电商供应链中，与关键供应商建立战略合作伙伴关系至关重要。企业不仅应追求简单的买卖关系，更应注重建立互信、合作与

开放性交流的长期合作关系。企业需深入分析市场竞争环境、产品特性及市场需求，明确哪些产品或市场适合发展供应链合作关系。在合作过程中，应全面考察供应商的业绩、设备管理、人力资源、质量控制、成本控制、技术创新、用户满意度及交货协议等各方面表现，并将其纳入供应链风险管理范畴。此外，通过共享信息、协同规划及联合创新等方式，可有效提升供应链的整体抗风险能力。

4．搭建高效、安全的信息传递与管理系统

跨境电商供应链涉及众多参与者及复杂的交易流程，信息的高效传递与管理至关重要。企业应建立覆盖供应商、平台、消费者等多方的多元化信息通道，确保供应链数据的完整性、准确性、及时性和安全性。应采用先进的信息技术（如区块链、云计算、人工智能等），构建透明、可追溯、智能化的信息管理系统，从而提升供应链的响应速度与决策效率，降低信息风险，保障供应链的顺畅运行。

5．完善供应链风险预警与应急响应机制

应建立科学的风险评估模型与预警系统，对供应链各环节的潜在风险进行持续监测与评估，并及时发出预警信号。同时，应制订详尽的供应链应急响应预案，涵盖危机识别、评估、决策、执行、恢复等环节的标准化流程，以确保在危机发生时能够迅速、有序地采取应对措施。此外，还需定期组织危机演练，进一步提升团队的危机应对能力。

6．强化法律法规与合规风险管理

跨境电商涉及多个国家复杂的法律法规环境，包括关税政策、进出口管制、数据保护和消费者权益保护等。企业应组建专业的法务团队，密切关注相关法规的动态变化，确保供应链各环节的合规运营；同时，建立健全合规风险评估与防控体系，以预防因违规行为可能引发的供应链中断、罚款、声誉损害等危机。

四、跨境电商供应链安全管理

在全球化背景下，跨境电商供应链的安全管理尤为重要。其目标在于降低因恶意行为或意外事件导致的供应链中断风险，并有效管控可能触发供应链危机的各种因素。安全管理需重点防范产品和信息的盗窃、员工安全威胁以及任何可能破坏供应链稳定性的潜在风险。

跨境电商供应链的安全性与整个链条中最薄弱环节的安全性息息相关。因此，从事跨境电商的企业不仅要确保自身运营的安全与稳定，还必须密切关注并有效管理供应链合作伙伴的安全性。安全管理在跨境电商供应链的每个环节中都发挥着至关重要的作用，包括商品采购、国际物流、海关清关及最终配送。例如，一个国际电商包裹从供应商处发货，经由国际物流公司运输至出口国海关，再通过海运或空运抵达进口国海关，最后由当地配送公司送达消费者手中。其中任何一个环节存在安全隐患，都可能对整个供应链造成重大影响。为了确保整个供应链的安全性，各环节之间需要紧密合作，明确安全系统的合同要求，强化货物运输中的安全提示，注重商品的搬运和储存安全，并将这些措施整合到统一的安全管理系统中。针对薄弱环节，更需强化安全程序，以确保整个跨境电商供应链的安全与稳定。

跨境电商供应链安全管理的措施可分为四类：基本措施、反应措施、预防措施和先进措施。

（一）基本措施

在基础层面，安全系统必须覆盖办公室、仓库、电商平台，以及其他相关设施的安全。此外，还需要确保员工人身安全、电子商务系统安全、数据安全及货物运输的安全。管理者应考虑采用多种安全措施，例如，使用安全徽章进行身份验证，安排专业安保人员巡逻，对客户和合作伙伴进行背景调查，安装反病毒和反黑客软件以保护信息系统，使用加密技术确保数据传输安全，以及利用先进的货物跟踪技术确保商品在运输过程中的安全。尤其是要运用高科技手段，如物联网技术和GPS定位等，防止货物在长途运输中丢失或被盗。

（二）反应措施

与基本措施相比，反应措施体现了企业对安全管理的更深层次理解，但往往缺乏系统性、全面性和长期性。许多跨境电商企业在面临危机时，才开始采取补救性的安全措施，以防止类似危机再次发生。这些反应措施有时还与国家或地区的反恐政策紧密相关。因此，对于跨境电商企业而言，建立一套完善的预警和快速反应机制至关重要。这一机制能够帮助企业在危机发生时迅速做出反应，最大限度地减少损失，并保障供应链的稳定运行。

（三）预防措施

预防措施是跨境电商企业构建基础性、系统化供应链安全管理框架的关键，主要包括以下方面。

1．组织建设与人员配置

设立专门的安全管理部门，配备具备军事、情报、法律等领域安全管理经验的专业人员担任安全管理负责人。组建跨部门的安全管理委员会，负责统筹协调供应链安全管理工作。

2．风险评估与隐患排查

定期开展全面的供应链安全隐患排查与风险评估，覆盖信息安全、物理安全、操作流程及法律法规合规等多个方面，确保风险能够早发现、早预警、早处置。

3．信息安全防护

加强信息安全体系建设，部署防范黑客攻击和网络入侵的检测系统与防火墙，保护企业及供应链合作伙伴的敏感数据免受非法侵入和攻击。

4．供应链物流合作安全计划

与物流服务商共同制订供应链物流安全合作计划，规范物流操作流程，提升货物运输途中的安全性，防止货物丢失、损毁或被恶意篡改。

5．安全管理软件与系统

引入或自主研发供应链安全管理软件及应用系统，实现对风险的自动识别、评估与预警，全面提升安全管理的智能化水平。

6．行业交流与合作

积极参与供应链安全管理协会等专业组织，分享最佳实践经验，获取最新安全信息，全面提升企业的安全管理能力与行业影响力。

（四）先进措施

先进措施是跨境电商企业提升供应链安全管理效能、应对复杂安全挑战的重要手段，具体包括以下内容。

1．供应链中断恢复预案

在与供应链合作伙伴签订合作协议时，应明确规定供应链中断情况下的恢复方案，确保在突发事件下能够快速恢复供应链并实现连续运营。

2．案例学习与经验借鉴

密切关注全球范围内的供应链安全事故，深入剖析事故原因，吸取其他企业及自身过往事故的教训，不断优化和完善供应链安全管理体系。

3．跨组织安全合作

与关键供应商和客户建立深度的安全合作关系，共同制订并实施供应链中断恢复计划，定期开展联合安全演练，提升整个供应链的安全协同能力。

4．综合安全管理系统

设计并实施覆盖所有关键合作伙伴的全面供应链安全管理系统，集成风险评估、应急响应、持续改进等功能，实现供应链安全的全过程、全员、全方位管理。

5．安全培训与演练

定期组织各类供应链安全培训活动，提升员工的安全意识和技能，通过实战演练检验应急措施的有效性与完备性。

6．应急指挥与数据中心

构建覆盖供应链范围的应急指挥中心和大数据中心，实时监测供应链运行状态，快速响应突发事件，确保决策的科学性和及时性。

面对跨境电商供应链日益增长的安全风险，企业必须高度重视并立即采取行动，全面而系统地落实各项安全管理措施。忽视供应链安全可能导致巨大的经济损失，甚至对社会公众造成伤害，进而演变为公共危机。尤其是在追求供应链低成本战略的过程中，企业应警惕安全风险的积累，并通过构建有效的供应链安全监控与防范体系，确保在全球化、数字化的复杂环境中实现供应链的安全与高效运行。同时，政府监管机构也应积极应对挑战，与企业携手共建跨境电商供应链安全生态系统。

第三节　跨境电商供应链应急计划

一、应急计划

跨境电商供应链应急计划是企业在面对供应链中断、风险事件、偏差或失败等突发情况时，预先制订并执行的"第二计划""B计划"或权宜之计，以保障业务连续性，减轻不利影响，并实现快速恢复的核心风险管理工具。在跨境电商的语境下，供应链应急计划需结合关联全局风险管理框架，发挥"维持"和"恢复"的双重作用，具体如下：

（1）维持业务连续性：确保在风险事件发生时，核心业务流程和服务能够持续运作，尽可能减少对客户、市场和运营等方面的冲击。

（2）启动灾难恢复：在风险事件发生后，应迅速开展数据恢复、资产重建、基础设施修复及职能恢复等工作，力求尽快使供应链恢复到正常运行状态。

跨境电商供应链应急计划的制订基于以下深刻认知：

（1）意外事件引发的风险不可避免：自然灾害、公共卫生事件、政治冲突、第三方行为等外部不可控因素所引发的风险无法彻底消除。过度规避风险可能导致企业运营僵化，从而丧失竞争力。正确的策略是正视风险的存在，制定相应的应对措施，而非束手无策或过度担忧。

（2）需特别关注小概率高影响事件：某些风险虽发生概率较低，但其潜在影响巨大，可能对企业造成重大损失。针对此类风险，应制订应急计划，并采取成本效益较高的缓解措施，以防万一，避免小概率事件导致重大损失。

（3）主动减轻风险优于被动应对：相比于风险发生后的被动应对，事前主动规划、配置资源、设定执行窗口的风险减轻措施更为有效。特别是在供应链可能出现供应短缺的情况下，应急计划能够确保关键时刻资源可用，从而快速响应风险事件。

跨境电商供应链应急计划的编制通常遵循以下六个步骤：

（1）识别关键供应链风险：梳理供应链各环节可能面临的风险，如供应商破产、物流中断、政策变动、数据泄露、市场需求剧烈变化等，重点关注那些可能对业务产生重大影响的风险因素。

（2）评估风险程度，制订应急计划方案：运用定性与定量方法，对识别出的风险进行可能性和影响程度的评估，并据此划分风险等级，为每个关键风险制订针对性的应急计划方案。

（3）明确应急措施选项：在每个应急计划方案中，列出可供选择的应急措施，如寻找替代供应商、调整物流路径、启用备用仓库、重新谈判合同条款等，确保措施具备可行性和有效性。

（4）设定应急措施触发条件与执行责任人：为每项应急措施设定明确的启动阈值（如库存降至安全线、供应商违约等），并指定具体的执行团队或责任人，确保在风险触发时能够迅速、有序地执行应急计划。

（5）组建与培训应急响应团队：选拔具备专业知识、经验丰富的人员组成应急响应团队，定期开展应急演练，提升团队的危机应对能力与协作效率。确保团队成员熟悉应急计划的内容，并能够在实际风险事件中迅速且准确地执行任务。

（6）应急计划宣传与培训：将应急计划传达给全体员工，特别是供应链相关部门和关键岗位的员工。通过培训、研讨会、手册等多种形式，确保员工充分理解并掌握应急计划的内容和执行流程，从而提升整个企业的应急响应能力。

总之，跨境电商供应链应急计划是企业应对供应链风险、保障业务连续性、快速恢复运营的重要工具。通过科学的风险识别与评估，制定针对性的应急措施，明确执行责任，培训应急团队，以及广泛开展内部宣传和教育，企业能够有效提升抵御供应链风险的能力，确保在风险发生时能够迅速且高效地应对，将损失降至最低。

二、业务持续性计划

跨境电商供应链业务持续性计划是指通过对跨境电商企业核心活

动的深入分析，识别可能威胁业务连续性的因素，降低这些威胁的潜在风险，并制定一套行之有效的应对策略，以确保在面临各种风险事件时，供应链的关键业务功能和流程能够正常运作。这对于跨境电商企业在供应链中断或市场环境持续变化的情况下，能否维持基本的业务交付至关重要。

跨境电商供应链业务持续性计划是应急计划的重要组成部分，它特别强调那些可能威胁到运营连续性的因素，并详细规划了在面临潜在的中断事件、问题或故障时，企业应如何维持或迅速恢复其关键职能。如果说应急计划是在询问"如果发生意外事件，我们的备选方案是什么？"那么跨境电商供应链业务持续性计划则是在探索"哪些意外事件可能打断我们的业务？如果这些事件真的发生了，我们应如何保持核心业务的持续运营？"

（一）跨境电商供应链业务持续性计划框架与系列计划

跨境电商供应链业务持续性计划构建了一个全面的框架，旨在实现以下目标：

第一，确保跨境电商企业在面临各种挑战时仍能保持弹性和持续的运营能力。

第二，根据企业层面的风险评估结果，制订详尽的应对预案。

第三，防止关键的业务流程或资源（数据、知识、系统、人才等）遭受损失、损害、故障或中断，从而加强核心业务的稳健性，保障其交付成果的连续性。

第四，在遭遇破坏或干扰时，确保对关键客户的服务不中断，维护稳定的现金流。跨境电商供应链业务持续性计划包含一系列策略和程序，这些策略和程序旨在保护核心业务功能免受重大威胁的影响，具体包括以下内容：

（1）管理者继任计划：确保领导层和管理团队的连续性，从而有效应对可能的人才流失风险。

（2）知识管理计划：保护并保存对业务至关重要的知识和信息，确保关键业务信息的可用性。

（3）供应商过渡计划：在更换供应商时，将供应中断风险以及与资产、知识产权或交付相关的风险降至最低。

（4）技术更新或系统改革计划：确保在技术或系统升级过程中，业务的连续性和稳定性不受影响。

（二）灾难恢复计划

在跨境电商供应链业务持续性计划中，灾难恢复计划是关键组成部分。该计划旨在应对重大危机事件、自然灾害或人为灾难，制定详细的恢复措施，以迅速恢复特定的运营、职能、场所、服务和应用，确保业务尽快重回正轨。

这是应急计划中的关键环节。尽管已经制订了事前应急预案，但事后仍需迅速派遣危机处理小组前往现场，根据实际情况展开紧急救援行动计划，并制订救援后的恢复方案。

一个完善的跨境电商供应链业务持续性恢复计划应涵盖以下七个关键方面：

（1）人员。明确各自的角色和责任，增强员工的风险意识和提高他们的教育水平。

（2）计划。实施积极主动的过程管理，确保计划的及时性和有效性。

（3）流程。涵盖所有业务流程，包括供应链管理、信息管理及跨境电商特有的流程。

（4）建筑物。确保大楼和设施的安全性与可靠性。

（5）供应商。管理与供应链及外包供应商相关的风险。

（6）形象。保护并提升品牌形象、企业声誉和市场信誉。

（7）绩效。设定明确的指标进行评价和审计，以确保业务连续性计划的有效实施。

第六章 全球化供应链管理

第一节 全球化供应链管理概述

一、全球化供应链的含义、类型与特征

（一）全球化供应链的含义

全球化供应链，也被称为全球网络供应链，指的是供应链体系中，成员遍布全球各地，其生产资料的获取、产品的生产组织、商品流通和销售及信息获取等所有环节均在全球范围内进行。在这样的供应链中，企业形态和边界发生了深刻变化，甚至国与国之间的边界也随之改变。这种地理界线在全球供应链运营中逐渐模糊。在一个理想的、真正全球化的供应链中，从原材料到成品再到消费者手中的整个流程仿佛不受国界的限制。而全球供应链的价值恰恰在于充分利用这些国际边界的差异性和优势。

在全球经济一体化的背景下，企业若想在世界范围内经营并参与竞争，就必须在全球范围内寻找生存和发展的机会。在国际市场、技术进步、全球成本及政治经济等多重因素的推动下，具备海外业务能力的企业正迅速向国际化经营转型。因此，在全球范围内对原材料、零部件和产品进行配置，已成为企业国际化过程中获得竞争优势的关键手段。全球资源配置使得产品的国界变得日益模糊：原本由单一国家负责开发、设计、生产的产品，现在可以借助国际化的供应链网络、先进的通信技术和快速运输，由分布于世界各地的企业协同完成，以实现最低成本和最大利润。

跨国公司正在经历从各国子公司独立运作向围绕总部战略、协同运作一体化的转变。这对国际化供应链的管理和应用提出了更高的

要求。显然，全球网络供应链在全球化企业经营中扮演着越来越重要的角色。中国加入世界贸易组织后，对外开放的步伐加快，国内市场竞争越发激烈，迫使企业必须采取国际化发展战略，在更广阔的舞台上参与国际竞争，寻求新的生存和发展空间，争夺稀缺资源和市场份额。例如，海尔集团就是在国内市场竞争激烈、价格战频发的背景下，逐步发展跨国经营的，而国内市场竞争的加剧正是海尔走向国际市场的内在动力。

（二）全球化供应链的类型

全球化供应链涵盖了从以国内为主要市场、部分环节涉及海外的初级形态，到真正意义上的全球一体化供应链等多种形态。以下为全球化供应链的四种主要类型。

1. 国际配送系统

此类供应链的生产环节主要在国内进行，但其配送系统已延伸至部分海外市场。这意味着企业在国内完成产品制造后，通过海外物流网络将产品配送至国外目标市场。

2. 国际供应商系统

在国际供应商系统中，原材料和零部件由海外供应商提供，但产品的最终装配工作仍然在国内完成。有时，装配完成后的产品会再次出口至海外市场。这种模式充分利用全球资源，实现了成本优化与市场响应速度之间的平衡。

3. 离岸加工系统

离岸加工系统的整个生产过程通常集中在海外某一特定地区，待成品制造完毕后，将其运回国内进行销售和配送。这种模式旨在利用海外地区的成本优势，降低生产成本，从而提升产品的市场竞争力。

4. 真正的全球性供应链

全球性供应链实现了从原材料采购、生产制造到销售配送全过程的全球化布局，打破了国界限制，最大限度地利用全球资源。尽管完全无国界限制的供应链在现实中难以实现，其价值在于通过巧妙利用各国资源差异与边界效应，达到成本优化与市场响应的最佳平衡。

（三）全球化供应链的特征与发展趋势

随着企业规模的扩大和国际化进程的深入，越来越多的大型跨国企业致力于全球经营与销售。这些企业不仅推动了全球范围内品牌与产品标准的统一，还使得核心部件和主要部分趋于标准化。在此背景下，全球型企业若想在竞争中脱颖而出并获取超额利润，就必须在全球范围内高效配置资源，通过采购、生产、营销等环节的全球化运作，实现资源的最优利用和规模经济效益的最大化。

实施全球化供应链运作时，企业需关注以下两个关键点：

（1）全球市场的异质性与多样性。全球市场的多元性要求企业采用"从外到内"的思维方式，深入了解不同国家市场的需求差异，通过差异化的产品和服务满足各类消费者的需求。在成本控制方面应基于上述前提，既要通过规模经济降低成本，也要善于发挥范围经济，兼顾多样化需求与费用控制。

（2）全球供应链物流系统的复杂性与成本问题。服务全球市场会使供应链物流系统变得更加复杂且成本更高，这可能导致前置时间延长以及库存水平的上升。因此，企业在构建全球化供应链时，必须妥善处理集中化与分散化物流之间的平衡关系，否则将难以在全球竞争中确立优势。

针对上述挑战，全球化供应链物流运作呈现以下三种发展趋势：

（1）全球化生产企业。这类企业在全球范围内寻找原材料和零部件的来源，设立适应全球分销的物流中心及关键物资集散仓库，利用当地现有的供应链物流网络，并推广先进的物流技术与方法，以实现高效的全球物流运作。

（2）生产企业与第三方物流企业的同步全球化。随着生产企业全球化的推进，其长期合作的第三方物流企业也随之进入全球市场，借助既有的成熟物流体系与服务能力，为全球供应链提供有力支撑。

（3）国际运输企业间的结盟。为应对全球化经营需求，国际运输企业开始组建覆盖多条航线、资源互补的战略联盟，以着眼于长远的利益共享。这种联盟不仅使全球供应链物流更加便捷高效，还显著提高了全球物流设施的利用率，并有效降低了运输成本。

二、全球化供应链管理的相关内容

（一）全球化供应链管理的含义

全球化供应链管理是指在供应链管理的基本理念、模式、工具和方法论指导下，对跨越全球范围的网络供应链进行全方位、多层次的管控与优化。它不仅是供应链管理在地域范围上的拓展与深化，更是在复杂性、多元性及管理难度方面对传统供应链管理的超越。

全球化供应链是全球经济一体化进程的自然产物，而全球化供应链管理是企业乃至整个社会在全球化战略实施过程中不可或缺的管理手段。全球化经营使得供应链活动跨越国界，其运营范围显著扩大。尽管在初期可能会带来成本增加、效率下降、组织结构复杂化与分散化等问题，同时也加大了企业间（尤其是跨国企业间）沟通与协作的难度，但通过科学的管理手段，这些问题可以找到有效解决。企业可以运用全球网络供应链管理的理论框架、模式及解决方案软件系统等信息技术工具，尤其是借助互联网这一低成本、高效率的信息传输平台，破除信息交流与共享的壁垒，强化企业间的商业互动与协同作业，实现业务流程的深度整合，加速业务处理和对市场及客户需求的响应速度，从而显著提升企业及整个供应链的管理效能。因此，全球化供应链管理堪称连接国际企业间资源的桥梁，使全球资源能够随市场需求动态重组，以适应瞬息万变的客户需求与服务场景。它促成企业间多样化、深层次的合作，形成强大的联合竞争优势，并从全局视角审视与整合资源，进一步推动企业和供应链整体的竞争力提升。

在全球范围内，每天发生着数以亿计的交易活动，每一笔交易都在供应链上留下印记。在当今时代，供应链上的各个环节紧密相连，从市场需求与客户偏好分析、资源供给管理、新产品研发、关键资源获取、产品生产制造、分销销售，一直到订单履行、货物交付与物流配送等，均属于全球化供应链管理的范畴。面对如此庞大的决策需求、繁复的流程优化任务以及海量的信息处理工作，全球化供应链管理的复杂性与挑战性显然远超一般供应链管理。因此，必须充分利用先进的信息技术，借助全球化供应链管理软件系统与其他尖端技术工具，对信息进行精准、可靠、快速的采集与传递，从而妥善处理这些错综复杂的事务。如今，互联网与电子商务技术为全球化供应链的信息交流和处理提供了强有力的支撑，使供应链成员能够通过互联网实现信息共享与交流，并在电子商务平台上开展企业间的协同作业。通过合理配置供应链资源，加速存货与资金周转，供应链的运行效率与市场竞争力得以大幅提升。这些新兴技术的发展，为全球化供应链管理的成功实施提供了重要支持与保障。

（二）全球供应链管理的特征

全球供应链管理在现代企业管理中占据着举足轻重的地位，具有以下显著特征：

第一，全球供应链管理系统能够根据需求提供详尽的信息，极大地方便了管理人员的决策，并优化了管理过程。该系统不仅跨越了组织的界限，还能将供应链中的各个相关组织单元紧密联结，协调它们之间的关系及运行方式。

第二，借助实时信息交换，各组织之间的协调运作可以无需人工介入，从而扩大了有效控制与协作的范围。此外，该系统还能将合作关系延伸至外部组织，对合作方的变化迅速作出反应，并鼓励向外界寻求更多的支持与合作。

第三，尽管系统能够集中控制，但它也赋予了各地区组织决策的权力，并允许这些组织了解各自决策可能产生的相互影响。

第四，成功地管理物流和产品流的各个阶段，并不意味着能够从整体上成功管理供应链，尤其是在全球范围内。信息流中的障碍常常导致信息的扭曲、失真和延迟。这些障碍主要源于以下几个方面：管理人员对正式信息系统的抵触情绪、对规划结果缺乏兴趣、缺乏战略决策的推动者和组织者，以及现有组织系统和信息系统安排可能引发的新战略冲突。

第五，为了实现成功的全球供应链管理，并使管理系统朝着有利的方向发展，组织的支持至关重要。同时，由于供应链管理的目标范围广泛，各组织对其接受程度成为一个需要重视和解决的问题。

在实施全球供应链管理时，以下四个关键因素至关重要：

（1）实时的全球化可视性。这种可视性需要贯穿整个供应链，并具有预见性，使每个供应链成员都能够预测链条上可能发生的情况，从而提前进行规划。

（2）资源的合理利用性。这要求对资源的供应和来源进行优化配置，实现社会分工与资源整合，以降低整个供应链的总成本。

（3）下游企业间的协同性。通过共享业务信息，使所有供应链成员的业务活动高度协调，将延误和不协调降至最低。

（4）快速响应性。这要求供应链上的所有成员能够迅速应对市场和客户需求的变化，及时推出新产品和优质服务，从而抢占市场先机。

以上四个要素缺一不可。只有综合运用这些关键因素，才能实现产品和服务的快速流通，为企业及整个社会创造高效、低耗的财富。

（三）全球化供应链管理的功能

实施全球化供应链管理并非一蹴而就。无论是小型企业还是大型跨国公司，都需要经历一系列关键的发展阶段，逐步实现供应链的全球化整合。以下从产品开发、采购、生产、需求管理与订单履行等企业的五大基本职能出发，阐述全球化供应链管理的主要功能及其实施要点。

1．产品开发

在全球化供应链的背景下，产品设计应具备较强的适应性，能够根据主要目标市场的特点和需求进行调整，确保产品在不同地区和不同生产设施内均可顺利制造。虽然设计适用于所有市场的通用产品可能存在一定风险，但可以通过开发基础架构灵活、易于适应不同市场需求的"母版产品"，为全球市场提供定制化解决方案。为实现这一目标，企业需要组建跨文化、跨地域的国际产品设计团队，充分利用其多元背景和专业知识，以提升产品设计的全球适应性。

2．采购

在全球范围内优选供应商并采购关键生产原料，有助于确保原材料质量、实现灵活的交货期，并通过比较不同供应商的报价来优化成本。全球供应商网络不仅为供应链提供了丰富的资源，还增强了供应链的灵活性与抗风险能力。为了有效管理全球采购业务，企业需要构建高效的信息交流系统，以实现供应链的透明化管理。在这一过程中，集中式管理发挥着关键作用，通过汇总各工厂、供应商及库存的实时信息，为决策提供准确的数据支持。此外，鉴于供应链上的各工厂可能互为供应关系，加强工厂间的信息交流与集中管理显得尤为重要。确保供应链上所有参与者对当前系统状态有清晰认知，是全球化供应链管理成功的关键基础。

3．生产

在全球化供应链中，合理分配各地的剩余产能和生产基地，对于灵活应对市场需求变化以及实现生产转移至关重要。企业应利用全球供应链的灵活性，建立有效的沟通机制，确保供应链各环节信息畅通，为生产转移决策提供可靠依据。集中式管理在生产环节同样具有重要作用，通过提供集中化的信息资源，支持对工厂、供应商及库存状况的精准掌握。此外，地区间的产能调配和生产转移需要基于对市场需求的精准预测与分析。这要求需求管理具备一定的集中化特性，并通过市场导向分析，为供应链各环节提供高敏感度的需求信息。

4．需求管理

在全球化供应链中，需求管理应基于地区需求预测和适宜的产品策略，制订整体的市场营销与销售计划。为实现供应链的一体化管理，企业需要在一定程度上推动需求管理的集中化，同时借助基于地区的分析，为需求管理提供贴近市场的敏感信息。与生产环节相似，供应链各单元之间的有效沟通对于全球化供应链管理的成功至关重要。

5．订单履行

成功利用全球化供应链的灵活性，离不开集中式的订单履行系统。通过该系统，全球各地的消费者能够像在当地或区域供应链中订货一样，便捷地获取所需产品。如果订单履行过程过于复杂，可能会导致消费者转向其他渠道，从而使全球供应链的灵活性优势大打折扣。只有当企业充分准备并实施柔性供应链战略，才能最大程度发挥全球供应链的强大功能，实现高效、敏捷的全球化运营。

（四）全球化供应链管理系统

全球供应链管理系统以数据驱动，尤其在全球化背景下，数据标准化显得尤为重要。供应链涵盖了从供货、生产、装配到运输、批发等多个环节。这一系列流程始于客户订货，随后在各环节中发生各种交易，最终以成品送达客户为结束。在这一过程中，数据交换通过电子数据交换（Electronic Data Interchange，EDI）等方式高效完成。值得强调的是，数据交换的重要性远远超出订货这一初始交易环节。它在协调供应链各环节的组织运行、预测市场需求、规划生产能力及运输安排中发挥着基础性作用。这些数据对于企业进行战略决策而言，是不可或缺的。

（五）建立和完善全球网络供应链

在构建和优化全球供应链网络时，必须遵循以下关键步骤：

首先，在规划网络内设施的数量、位置和规模时，应综合考虑市场需求、客户需求、企业自身的资源与能力，以及可用的供应商和合作伙伴的资源。同时，由于供应链涉及跨国运输，企业还需要深入了解并充分考虑各国及地区的政策法规、人文环境、经济状况、当地资源配置和基础设施等实际情况。

其次，供应链网络结构的每一层级都需要根据下游市场和客户需求逐层确定货物的进出总量、每个节点的供应范围和数量，包括具体的生产、存储、加工和配送数量等。同时，企业应明确节点间的运输方式、路线、数量和规模。在这一过程中，企业还需特别关注各层级之间的资源调配、能力匹配，以及业务流程的顺畅衔接。例如，为了保障全球物流的畅通，可以考虑采用分段联运的运输方式，以充分发挥各地区的地理优势，从而节约成本。此外，为了减少基础设施的投资，企业应尽可能利用现有的供应商、中间商、合作伙伴和服务商，甚至是客户的仓库资源，以确保这些资源和能力能够协调配合，避免供应链上出现不均衡的状况。

再次，在构建物理网络的同时，信息网络的构建也至关重要。借助先进的信息技术，可以实现信息的集成与共享，以及业务流程的集成与整合，从而为供应链中的各项业务提供有力支持。特别是要充分利用互联网和电子商务技术，以缩短时空距离、加强沟通交流、降低成本，并实现供应链上下游之间的协同运作。

最后，网络规划还需充分考虑现代信息技术、生产技术和物流技术的发展趋势，确保整个网络具有可伸缩性和可持续发展性，为未来可能的扩张和改建预留空间。只有这样，企业才能在全球化的大背景下，不断优化和完善自身的供应链网络，以适应不断变化的市场需求。

第二节　全球化视角下的供应链管理挑战

在全球经贸一体化的大背景下，众多企业日益意识到，无论其产品是否直接参与国际流通，都需要以全球化的视野审视自身的运营与战略，以维系并提升市场竞争力。这一观念得到了诸多业内专家的认同。他们强调，即便是那些专注于国内市场的公司，也需要构建全球化思维框架，以有效应对全球化供应链环境带来的深远影响。

尽管学者与实践者在探讨供应链周期优化、推动式与拉动式策略等议题时，往往聚焦于效率提升与需求响应机制，但不容忽视的是，全球化供应链运作中潜藏的复杂压力与风险。现实中，倘若企业的商品因未能满足各国各地区的监管要求、技术标准及检验程序，导致货物滞留于全球各地的海关仓库，那么再精妙的理论构想也无法转化为实际的供应链动能。因此，深入剖析全球化供应链管理中可能出现的问题至关重要。

一、文化与语言障碍所引发的问题

轻视文化差异和语言障碍带来的挑战的公司，往往在全球化市场中付出了高昂的代价。例如，施乐公司和德州仪器等大型跨国企业很早就认识到，为了确保供应链中的信息流畅，必须有效解决语言障碍，更不用说其他更为复杂的全球化沟通难题。

文化差异的影响是极其微妙的。即使是在与美国看似十分相似的其他西方国家，不同的价值观和工作习惯也会产生深远的影响。例如，一位员工在与一位看似"贵族气十足"的客户接触时，可能因感受到强烈的阶层差异而选择退缩。

二、遵守进出口法规条例的重要性及相关问题

即使公司并不直接参与国际贸易，也可能面临遵守进出口法规条例的要求。如果其供应商在海外销售产品，那么这些公司会发现自己必须遵守美国或其他国家的相关监管规定。此外，在供应链中，违规责任的范围比以往更为广泛，这意味着一宗海外交易中的所有参与方，包括供应商、制造商和专业货运公司，都必须严格遵守相关监管条例。

出口监管条例的专家特别警告那些希望实施准时制生产和发货的公司。如果它们想要达到准时制所要求的交货期限，就必须将遵守进出口法规条例放在首位。一旦进入这个领域，如果因产品不合格或货运单据不符合要求而导致货物无法在外国海关通关，那么采购商的供应链将面临严重混乱。

因此，进口商和出口商必须承担起责任，持续跟踪并掌握外国市场中现行监管条例的变化。同时，他们还需要密切关注包装、标签、公共卫生以及环保等其他相关方面的监管动态。需要强调的是，如果企业正在运营一套无缝的生产和配送体系，但货物在穿越边境时屡屡受阻，那么所有努力都将变得毫无意义。因此，遵守进出口法规条例，确保货物顺利通关，是维持供应链稳定运行的关键。

三、规格标准和检测相关惯例

规格标准构成了产品设计和生产的基础，而检测惯例则确保产品能够满足客户的期望，包括健康、安全、环境保护及遵循政府规定的要求。这些惯例是全球化经济体系中不可或缺的一部分，但如果使用不当，它们可能成为贸易中的隐形障碍。因此，世界贸易组织开始关

注这种非关税性质的贸易壁垒。

未能满足特定国家或地区的规格标准和检测要求可能导致公司被排除在市场之外，进而引发供应链中断。例如，在欧盟，产品如果没有获得在卫生、安全和环保方面的 CE 认证（安全合格标志），通常无法进入该市场。我国也有类似的制度，未经官方批准的产品不得销售。

此外，世界贸易组织的官员正在审查 ISO 9000（国际质量管理标准）和 ISO 14000（环境管理标准）在某些国家的实施情况。在这些国家，自愿遵守的标准通常已被各个国家设为正式的标准，逐渐形成了非关税贸易壁垒。以欧洲为例，ISO 9000 标准在医疗设备和电子设备等行业已成为强制性的质量基准。

相关问题还包括国际规格标准和检测惯例。世界贸易组织已将其认定为潜在的非关税贸易壁垒。不符合国外规格和检测标准的企业可能会面临产品市场准入的延迟，甚至可能被完全排除在外，这也会导致供应链的运作中断。

这个问题并非遥远。实际上，制造商即使不出口产品或不直接与外国厂商合作，也可能会受到国际标准的影响。例如，许多美国跨国企业已经要求其国内供应商遵守 ISO 9000 标准。在某些情况下，即使是那些不直接与欧洲进行交易的公司，其零部件产品也被要求带有 CE 认证，以证明产品符合欧洲的健康、安全和环保标准。在美国，CE 认证有时被用作一种标签，企业通过它声明其产品符合欧洲的相关标准。

四、技术层面的问题

尽管人与人之间的互动对于维持稳定的全球化沟通至关重要，并且人在管理供应链信息流过程中扮演着不可或缺的角色，但缺乏先进的技术支持，任何公司都难以实现全球化的供应链管理。

为了更有效地管理财务流，企业有多种解决方案可供选择，我们通常称之为"企业资源计划"软件解决方案。这些方案涵盖了从计划到仓库存货管理以及发货等几乎所有的供应链职能。新一代的 ERP 产品不仅局限于单个企业或制造部门，还将整个供应链以及各种服务型企业纳入其中。这些解决方案中的大部分正逐渐通过 ASP（Application

Service Provider，应用服务提供商）在万维网上提供，从而使供应链管理更加便捷和高效。

电子数据交换一直是常用的供应链信息通信方式之一，它能够以安全的方式高速传输大量数据。随着互联网和万维网的发展，许多企业正在将互联网作为一种传输工具，同时仍然保留电子数据交换。随着时间的推移，这种电子数据交换与互联网的结合将逐步被新一代具备万维网功能的 ERP 软件系统和应用所取代。这些系统和应用将全面处理供应链职能，并提供电子商务功能。这一转变将推动实现专家所谓的"智能化联网"，使全球化网络之间能够实现更加灵活的相互沟通。

五、信息管理层面的问题

企业在采用任何先进技术工具时，都会密切关注信息在这些工具中的流动状况，因为信息的准确性对于准时制发货和存货控制至关重要。如果信息不准确、数据遗漏或货运延迟等问题发生，都可能导致整个供应链陷入混乱。

相关调查显示，货运及物流相关软件的生产商发现，客户最常遇到的错误包括未能发出完整的信息以及无法及时生成必要的数据。例如，发货通知在送达时可能遗漏了 20% 的数据，或者客户在 20% 的情况下未能指明发出的货物已离港，甚至需要等待数小时后才能报告相关情况。这些问题都会严重影响供应链管理的效率和准确性。

因此，企业需要不断优化信息管理流程，确保信息的准确性和及时性。同时，应采用先进的技术工具和解决方案，以提高供应链的透明度和可追溯性，从而降低信息不准确和数据遗漏的风险。只有这样，才能更好地满足客户需求并提升企业的竞争力。

六、风险层面的问题

（一）风险评估体系概述

供应链风险评估是一个多维度、全方位的过程，涉及多个层面和角度的考量。以下是该体系的主要组成部分。

1．经济背景评估

经济背景评估是企业基于宏观经济波动和产业政策调整所进行的分析。经济的大幅波动或产业政策的重大调整，都会对供应链产生显著影响。例如，这可能导致原材料供应短缺、产品成本上升，甚至在极端情况下，可能引发整个供应链的中断。然而需要注意的是，经济波动和产业政策调整通常是一个长期过程，因此，尽管它们带来的风险较大，但由于其具备一定的可预测性，这些风险相对容易被控制和管理。

2．经验评估

经验评估主要针对那些难以预见的风险因素。这种评估方法依赖于过去的数据进行预测和分析。例如，企业可以根据历史数据，预测在正常运营情况下，由于交通事故等突发事件导致供应链问题的概率。这种评估方法基于稳定的历史数据，可以帮助企业评估并管理因不可预见事件引发的供应链风险。

3．整体评估

整体评估是对供应商的全面考察，包括财务状况、主营业务的变化、技术创新能力及行业竞争力等多方面内容。由于供应商的变化可能对供应链产生重大影响，因此需要特别关注与供应材料相关的任何变化，并建立一套全面的评估机制。本质上，这种整体评估是一种对综合信息的评估。在现代供应链管理中，信息是主导因素，因此，整体评估还需要从供应链管理中的信息收集手段、信息反馈机制和信息处理能力等多个角度进行深入分析。一般来说，如果企业与其上下游合作伙伴之间拥有先进的通信方式、及时的信息反馈机制和规范化的信息处理流程，其供应链风险就会相对较低。反之，如果信息流通不畅、反馈机制滞后、处理流程混乱，那么供应链风险将会显著增加。

（二）供应链风险的预防

为了有效控制不同类型的供应链风险，企业需要采取一系列有针对性的预防措施。以下是一些关键策略。

1．多元化供应渠道

企业应避免对单一供应商的过度依赖，应在不同的地理位置建立多个供应渠道。这样，即使某个供应商遇到问题，也不会导致整个供应链的运作受到严重影响。此外，考虑到地缘政治风险（如战争可能导致特定区域的原材料供应中断），拥有多样化的供应来源能够有效降低此类风险。

2．跟踪评估供应商表现

定期监控和评估每个供应商的绩效是必要的。这包括建立有效的信息传递机制，以确保数据的准确性、可靠性和安全性。通过使用先进的 IT 系统和软件工具，企业可以减少信息传输过程中的错误，并能够及时应对潜在风险。

3．强化网络基础设施

随着厂家、消费者和供应商之间的互动日益频繁且复杂，一个强大而可靠的网络基础设施对于支持这些交互至关重要。该基础设施必须能够处理大量的数据流，并确保数据的完整性和安全性。

4．应对突发事件的准备

由于供应链是一个复杂得多环节网络系统，它极易受到突发事件的影响。因此，企业需要预先制订应急计划，包括建立快速反应流程和专门的应急团队，以便在危机发生时能够迅速采取有效行动。

5．利用现代物流技术

应用最新技术（如物联网、大数据分析和机器学习等）可以显著增强供应链的透明度和追踪能力，从而降低风险并提高整体效率。

第三节　跨国物流和运输

一、国际物流的概念与发展

国际物流是指跨越国界的物流活动，它是国际贸易不可或缺的一部分。随着各国之间贸易往来的日益频繁，商品的流通最终需通过国际物流渠道得以实现。作为现代物流体系中的一个关键领域，国际物流在近几十年里经历了显著的发展，逐渐形成了一种新兴的物流模式。

自"冷战"时代结束以来，全球贸易日益自由化。伴随着国际贸易壁垒的逐步消除和新兴国际贸易组织的建立，一些地区性市场已逐渐突破国界限制，形成了一体化的市场。这些变化带来了国际物流的新现象，并推动了物流模式的不断演变。因此，国际物流问题引起了全球学者的高度关注与深入研究。世界物流会议也将"跨越界限的物流"作为重要议题之一，这反映出随着物流业务的国际化，物流的概念和方法正在不断扩展。

从企业的角度来看，跨国企业在过去十几年间发展迅猛。不仅是大型跨国企业，许多有实力的公司也在积极推进国际化战略。它们在全球范围内寻找商机，探索最具潜力的市场和最佳的生产地点，从而将商业活动自然地从本地或国家层面扩展到国际层面。相应地，国际物流也成为企业议事日程上的重要内容。为了支持国际贸易战略，企业必须更新自身的物流理念，拓展物流基础设施，并根据国际物流的需求对现有物流系统进行升级改造。

对于跨国公司而言，国际物流不仅是商业决策的结果，也是生产活动的必然需求。随着企业国际化战略的实施，生产环节往往分布在不同国家，零件和配件的生产地与成品的组装地通常不在同一地点。这种生产过程中的国际分工依赖于高效的国际物流体系，以保障各个环节的顺畅衔接。

二、国际物流的显著特征

国际物流具有一些独特的特征，这些特征反映了其在全球环境中的复杂性和独特性。

首先，国际物流需要应对各国物流环境的显著差异，特别是软环境的不同。由于各国拥有各自的物流法律体系，这增加了国际物流的复杂性，甚至可能导致物流流程的中断。经济发展水平和科技能力的差异也使国际物流在不同技术条件下运行。某些地区的技术限制可能会影响整个物流系统的效率。此外，不同国家的标准和习俗差异也为国际物流的"接轨"带来了难题，进一步增加了建立统一国际物流系统的挑战性。这些环境差异要求国际物流系统能够适应多种法律、文化、语言和技术环境，这无疑加大了物流管理的难度和复杂性。

其次，国际物流系统的覆盖范围广泛。这种广泛性不仅增加了物流过程在时间和空间上的复杂性，还提高了风险水平。然而，这也为现代技术的应用提供了更大的潜力。例如，通过建立类似"大陆桥"这样的跨国运输网络，可以显著提升国际物流的速度和效率。

再次，国际物流的顺利运作离不开国际化信息系统的支持。这类系统的建立面临管理方面的挑战和巨大的投资需求。同时，全球各地物流信息化水平的不均衡也增加了建立统一信息系统的难度。目前，与各国海关的公共信息系统进行联机是一种行之有效的解决方案，它能够提供实时的港口、机场和联运线路信息，为供应链决策提供有力支持。值得一提的是，国际物流领域是"电子数据交换"技术的早期应用者，这项技术对物流的国际化发展产生了深远的影响。

最后，国际物流对标准化的要求极高。统一的标准是实现国际物流畅通无阻的关键因素。目前，一些发达国家和地区已经实现了物流设施与工具的标准化，如统一规格的托盘、集装箱和条码技术等。这些措施有效降低了物流成本和转运难度。对于尚未采用这些标准的国家来说，它们在转运和换装过程中可能会面临额外的时间与费用成本，从而削弱其国际竞争力。特别是在物流信息传递技术方面，欧洲各国不仅在企业内部实现了标准化，还在企业间及欧洲统一市场层面实现了标准化，这极大地简化了欧洲内部，以及与其他大洲之间的物流交流过程。

三、国际物流作业的环节

国际物流操作涵盖商品的存储、包装、运输、检验、流通加工，以及后续的整理、再包装、国际配送和信息管理等多个环节。在这些环节中，商品的存储、运输、配送及信息管理构成了物流系统的核心部分。国际物流通过这些关键环节实现商品的时间效益与空间效益，在全球化供应链的背景下支持贸易活动并满足跨国运营的需求。

（一）国际物流中的存储环节

国际物流中的商品存储环节在很大程度上与一般物流的存储功能相似，但其特殊之处在于主要发生在各国的保税区和保税仓库内，并受到当地保税政策的影响。保税仓库是一种特殊设施，经海关批准，专门用于存放未缴税的进口货物。这类仓库需要具备安全的货物存储和堆放设施。保税仓库的设立为国际物流中的存储环节提供了便利，并带来了经济上的优惠。

在国际贸易和跨国经营过程中，产品从生产国的工厂或集散中心运往附近的出口港时，可能需要在港口暂时存放一段时间，等待装船出口。当货物抵达目的地后，也可能需要在仓库中储存一段时间，直到被送往下一个流通环节或交付至客户手中。即便交货后，如果货物未被及时使用，它们仍需储存在客户的仓库中。因此，存储在国际物流活动中是一种常见且频繁的行为。

为了提高国际物流的效率，企业应尽量减少货物的存储时间和存储量，加快货物和资金的周转。这不仅能够优化存储管理，还能提升整个物流系统的运作效率。

运输在供应链中扮演着将库存从一处转移到另一处的关键角色，其本质在于实现商品使用价值在空间上的移动。正是通过运输作业，物流系统得以克服商品生产地与需求地之间的空间距离，从而创造出商品的空间效益。在跨国贸易和国际化经营的背景下，跨国运输成为国际物流作业的核心环节，负责将货物从卖方传递到买方。

跨国运输具有多样性和复杂性的特点，包括广阔的地域覆盖、多种交通工具和运输方式、漫长的运输路线、烦琐的手续流程、较高的风险以及严格的时间要求。特别值得注意的是，对于参与国际贸易和国际化经营的企业而言，运输费用在商品价格中占据相当大的比重。因此，为了降低运输成本，企业需要精心优化并管理运输策略、模式与流程。

国际运输的优化与管理涉及多方面，包括运输策略的选择、运输模式的确定、运输路径的规划与安排、运输单据的处理以及保险的投保等。这些决策对于供应链的响应速度和运营效率具有深远的影响。

在选择运输策略时，企业需要在货物运输的成本与速度之间进行权衡。这通常涉及企业对不同运输模式和运输量的综合考量。企业的竞争策略和客户需求是制定运输策略的关键因素。如果企业的竞争策略侧重于快速响应，则可能需要选择更快捷的运输方式以满足客户需求，即使这会带来更高的运输成本。相反，如果企业的竞争策略更注重成本控制，则可能会选择成本较低但效率适中的运输方式。在实际操作中，企业还可以将库存管理与运输策略相结合，以共同提升供应链的响应速度和运营效率。这通常需要在两者之间找到最佳的平衡点。

运输模式是指将货物从一个地点运送到供应链网络中另一个地点所使用的运输工具和方式。在选择适合的运输模式时，通常有以下六种基本选项。

1．空中运输

空中运输是所有运输方式中最快的一种，特别适合需要快速送达的货物。虽然货物的损耗率非常低，但其成本相对较高，并且载重量有限。

2．铁路运输

对于大宗货物来说，铁路运输是一个不错的选择，尤其适用于中长距离的运输任务。铁路运输具有广泛的网络覆盖和较强的计划性，速度和成本介于快速和经济之间。它的优势在于较低的长途运输成本、较大的运输能力以及对天气条件的较低依赖性。但其主要缺点是灵活性不足。

3．卡车运输

卡车运输非常适合需要灵活处理的货物。它速度较快，且价格相对低廉。卡车可以实现从起点到终点的直接运输，并且集散迅速、机动性强，非常适合城市内的配送。然而，由于运力有限，卡车运输不太适合长距离运输。

4．轮船运输

轮船运输是最慢的运输形式，但在长途海上运输方面非常经济，是国际大批量货物运输中最节省成本的选择。

5．管道运输

管道运输主要用于输送石油、天然气等物资。这种运输方式的应用范围和服务领域相对较窄。

6．电子运输

电子运输传输的是数字化产品，如音乐、视频、文档等，具有其他运输方式无法比拟的速度和经济性。

在选择运输方式和路线时，企业需要在网络设计阶段优化整体结构，并在实际选择中综合考虑成本与速度，以确定最适合自身需求的方案。

（二）国际物流的流通加工与包装

在国际物流中，流通加工与包装环节具有至关重要的地位。由于国际业务的特殊性，许多货物需要在特定的流通场所进行进一步加工、整理和再包装。这些操作通常在保税仓库中完成，旨在使商品更好地适应国际市场需求，从而提升其市场竞争力。

在国际贸易中，为了降低运输成本，商品通常采用大包装或整包装的形式进行长途运输。然而，当商品抵达目的地后，为了满足当地市场的需求和消费者的偏好，往往需要对商品进行分拆、整理和重新包装。这一环节对商品的市场接受度和销售业绩具有重要影响。

包装在国际业务中的重要性不言而喻。据统计，高达 63% 的消费者在选择商品时会受到包装的影响。精美的包装不仅能够提升商品的附加值，还能反映出一个国家的科技水平和文化品位。在国际运输过程中，包装质量直接关系到商品的完好程度和受损风险。因此，国际物流对包装提出了更为严格的要求，必须符合国际规则，并实行标准化作业。

此外，近年来环保标准的制定和实施对国际物流中的包装环节提出了新的挑战。绿色壁垒的推行要求企业在追求包装美观的同时，还要注重环保和可持续性。这无疑增加了企业的运营成本，同时也使包装设计变得更加复杂。

与此同时，跨国贸易和经营中的商品检验环节也是不可忽视的。商品在进出海关时，必须经过严格的检验后方可放行。此环节旨在确保交货的品质、数量和包装条件符合合同规定，从而保障买卖双方的权益。商品检验可以在出口国或进口国进行，有时甚至需要在两国都进行检验。这一环节的严格性导致了商品检验机构的多样化，包括国家设立的商品检验机构、民间设立的公证机构以及行业协会附设的检验机构等。

商品检验的标准和方法必须依据国际惯例，以确保检验结果的公正性和准确性。此外，商品检验单还是国际贸易中议付货款的重要凭据之一，检验环节在一定程度上也能够在国际业务中起到降低风险的作用。因此，企业在国际物流中必须高度重视商品检验环节，以确保商品的质量和安全性，降低贸易风险。

（三）国际化配送环节

国际配送是物流系统中的关键环节，通过集中化的配送手段将系统化管理与规模经济相结合。这种集中配送的方法能够提高物流效率，实现多品种、小批量商品的快速周转，从而在整个物流过程中降低成本。这种方式使资源配置在流通领域与大规模生产相协调，进一步提升了物流行业的社会化水平，并带来了规模经济效益。

为了有效降低国际物流成本，企业在出口时通常会采取就近采购、加工、包装和检验的策略，直接进行出口。货物在配送中心进行整合，即"集零为整"，然后按照预定方式运输至出口目的地，这称为"集配"过程。同样地，在进口国，配送中心将大量进口货物拆分，也就是"化整为零"，通过"越库中转配送"或在经过进一步加工和包装后，分发到不同客户的需求地，这是"散配"过程。因此，在国际物流操作中，配送环节发挥着货物集散的核心作用。

配送环节优化了进出口货物的运输途径，减少了在途库存积压，为商品增加了附加价值。同时，它还节约了时间和成本，加速了商品和资金的流转，提高了整体物流效率。

四、国际物流信息化管理概述

国际物流操作涉及广阔的地理区域和广泛的业务范围，它要求高效处理和快速传递大量的物流与商流信息。为了实现国际贸易的高速、低成本和高效益目标，企业需要依靠一个高度功能集成的物流管理信息系统。国际物流信息处理的特征包括庞大的信息量、高频率的信息交换以及强烈的时效性，这要求企业必须建立一个安全、可靠且高效的信息传输基础设施。

过去，电子数据交换是国际贸易中的主要信息传输方式，它推动了业务流程的无纸化发展。如今，互联网和电子商务为全球信息的快速传递提供了更为便利和经济的手段。通过这些技术，全球化供应链的各个成员可以实时获取资源信息和市场需求，并与链上其他成员进行有效的信息交流和共享，从而优化物流业务的执行。

现代物流管理系统还引入了其他尖端信息技术，如地理信息系统（GIS）、全球定位系统（GPS）、射频识别（RFID）、条形码以及专业的物流管理软件。这些技术能够促进决策的科学化、存储的自动化、采购过程的电子化、配送环节的无纸化以及运输的智能化，旨在降低整个供应链中的库存水平，优化运输路线和区域规划，提高车辆利用效率，加快货物在仓储和配送环节的处理速度，减轻工人的劳动强度，降低操作错误率。通过提升效率、降低成本，企业不仅可以增加利润，还能为全球化供应链的高效运作提供更优质、更强大和更多样化的服务。

第四节　全球可持续供应链

一、企业社会责任与可持续供应链

（一）企业社会责任

在防止欺诈和贪污方面，道德和伦理规范发挥着至关重要的作用。商业伦理是指将道德规范应用于商业实践的概念。从更广阔的视角来看，商业伦理问题可能在多个层面对组织产生影响。

第一，全球化和工业化进程的加速对环境造成了显著影响。这种情况凸显了可持续发展的必要性，要求企业在实现经济发展的同时，兼顾环境保护和履行社会责任。

第二，在企业层面，组织在制定与各种利益相关者互动的战略和政策时，常常面临多重道德挑战。这些挑战通常与企业社会责任（Corporate Social Responsibility，CSR）相关，即组织为了维护利益相关者利益而采取的政策，其中还包括企业治理的相关议题。

第三，在个人层面，当个人与组织的供应链互动时，也可能面临道德决策的困境。例如，个人可能会接受礼物或款待，这些行为可能影响其决策。在这种情况下，个人需要严格遵守职业道德规范，确保其行为不损害自身职责的公正性和透明度。

在供应链物流管理中，企业应重点履行以下四方面的社会责任：

1. 严格遵守商务伦理道德准则和相关法律法规

在供应链的每一个环节，企业必须确保贸易活动、环境保护责任和劳动标准严格遵循商务伦理道德规范。这不仅是企业的道德责任，也是维护企业声誉与实现可持续发展的关键。

企业应坚定不移地遵守商务伦理道德框架和行为准则，为所有业务活动提供明确的道德指导。同时，企业需郑重承诺，严格遵守与消费者、供应商和员工权益保护相关的所有法律法规，确保企业的业务运营始终在合法合规的轨道上进行。

2. 实施符合商务伦理道德的供应链管理

在采购过程中，企业应积极营造公平、公开、透明的竞争环境，坚决杜绝任何形式的不公平、欺诈、操纵或胁迫行为，确保供应商管理的公正性和合理性。

为了促进供应商的多样化和多源化，企业将通过制定并实施合理的供应商选择政策，推动社会和经济目标的实现。例如，企业将积极支持本地和小型供应商，为少数民族企业提供更多机会，并通过优化运输路线减少对环境的影响和碳排放。

在供应商的开发和管理过程中，企业将始终注重商业伦理与道德。具体而言，企业将对供应商进行严格的资质认证，重点审查其企业社会责任政策、商业伦理准则、环境管理体系以及逆向物流和回收能力。对于那些在商业伦理方面表现突出的供应商，企业将给予适当的奖励和认可。

此外，企业采购的商品也必须符合道德规范。企业将优先选择获得"未在动物身上进行测试"认证的商品，避免采购稀缺资源，并确保所采购商品是在安全的工作条件下生产的。

企业承诺逐年提高供应商的收益，坚决不压榨供应商，确保交易价格的公平性，尤其是在企业处于买方主导地位的情况下。同时，企业将积极承担教育、监督和管理供应商社会责任意识的职责，确保供应商公平对待员工并严格遵守环境标准。这些举措将帮助企业与供应商建立长期稳定的合作关系，共同实现可持续发展的目标。

3．保护自然环境

由于全球资源的过度开发和消耗，生态系统正逐渐受损，生物多样性受到威胁，清洁空气变得越来越稀缺，海洋污染问题也日益严重。这些问题不仅对人类的生活质量产生了深远影响，也为企业带来了前所未有的市场机遇。在环保领域，预防污染应被视为首要任务。企业可以积极开发环保产品，采用环保包装，推行绿色生产工艺，自主制定并执行环保标准，构建绿色低碳的供应链。这样不仅能够满足越来越多消费者的环保需求，还能塑造企业良好的公众形象，形成独特的竞争优势。当绿色环保行动成为媒体和公众关注的焦点时，那些积极参与环保的企业将能够获得更广泛的消费者支持。

随着环保法规的日益严格，保护自然环境已成为企业不可逾越的"红线"。各类环境问题的法律责任日益明确，违规行为的处罚也愈加严厉。

4．为所在地带来价值，尊重当地文化

企业在当地经营时，应积极为社区和居民创造价值，遵守当地法律和习俗，并努力融入并丰富当地文化。这包括引进新技术，为当地创造就业机会，提升员工的知识和技能水平；传播先进的环保理念，推动当地环保事业的发展；确保为所有员工提供安全、健康的工作环境，无论是当地员工还是外籍员工，都应得到平等对待；坚持公平竞争原则，拒绝任何形式的贿赂；提供平等的就业机会，坚决反对基于性别、年龄等因素的歧视。

如今，企业如果不能履行其社会责任，将面临巨大的商业风险和潜在的高昂成本。以某化工企业为例，该企业因超标排放污染物，最终被当地政府依法责令关闭。再如，苹果公司在中国的装配工厂因工作条件恶劣而受到指责，这一事件的曝光给苹果品牌带来了巨大的公众压力。同时，苹果在中国的供应商也因环境污染问题遭到环保组织的批评。这些案例清楚地表明，企业若忽视社会责任，将付出沉重的代价。

（二）可持续供应链

1. 可持续发展

1992 年，联合国环境与发展会议（United Nations Conference on Environment and Development，UNCED）将可持续发展确立为 21 世纪全球共同遵循的发展战略，并正式提出了这一具有里程碑意义的概念。该理念深刻揭示了人类社会在追求经济增长的过程中，必须充分尊重并适应生态环境的承受能力，实现人口、环境、生态、资源与经济系统的和谐共生与协调发展。这一理念不仅是商业及贸易领域中负责任且持久的经济发展模式，更是对维护我们共同的地球家园以及企业自身长期生存能力的庄严承诺。

可持续发展遵循"三重底线"原则，即在经济、环境和社会三个维度上均需实现可持续性：

（1）经济可持续性。强调企业在追求稳健的经济绩效与经济效益（如创造就业、确保商品与服务的稳定供应、依法纳税、积极参与社区投资等）的同时，应确保这些成果具有长期性，并对社会福祉作出持续贡献。

（2）环境可持续性。要求企业在运营过程中采取积极的环保措施，这些措施应直接有益于生态环境，或者尽可能地减轻对自然环境的不利影响，从而实现经济活动与自然生态系统的和谐共存。

（3）社会可持续性。强调企业在其所在社会中的贡献及企业是否提供公平合理的就业环境，包括但不限于保障员工安全、提供合理薪酬与优质工作环境、杜绝使用童工、尊重并保护基本人权等，以践行有助于社会进步的商业伦理和实践。

企业及其供应链的运营活动必须全面遵循可持续发展的原则，才能实现真正的可持续运营。这意味着对企业绩效的评价不能仅仅停留在财务层面的盈利指标上，还应深入考量其对环境的友好程度，努力将对环境的负面影响降至最低，并致力于提升员工的满意度和社会的和谐程度。

为在环境和社会层面实现可持续性，企业可以从以下几个方面采取行动：

（1）积极塑造并维护企业的品牌形象，从而提升企业信誉，吸引消费者的青睐，并挖掘潜在的盈利增长点。

（2）严格遵守法律法规，确保所有业务活动都获得政府部门的合法许可，以合规运营为基础，奠定可持续发展的基石。

（3）建立完善的企业行为准则与供应链监管机制，有效预防并及时纠正任何不道德或不负责任的行为，避免因此引发信誉损害与商业风险，维护企业稳健的社会形象。

（4）秉持资源节约与环境保护的理念，优先保护并合理利用稀缺且不可再生的资源，为子孙后代留下可持续发展的物质基础。

（5）积极履行企业社会责任，严格执行劳动法规，尊重员工权利，防范并消除道德风险，营造公平、健康、和谐的工作氛围，为社会可持续性发展提供有力支持。

（6）创新商业模式与生产流程，通过提高资源利用率、推行资源循环利用、减少包装与能源消耗等方式，实现成本节约与收益提升的双重目标，进一步巩固经济的可持续性。

2．可持续供应链管理

在当前全球化的大背景下，供应链竞争战略对企业而言已经变得至关重要，并逐渐演变为企业的核心竞争力之一。可持续供应链管理（Sustainable Supply Chain Management，SSCM）将可持续发展的理念融入传统供应链管理中，其核心理念是"在有效满足现有供应链成员需求的前提下，不损害后代应对经济、环境和社会挑战的能力"。

可持续供应链管理强调对客户和利益相关者需求的重视，并倡导通过跨组织的系统协调，整合和管理供应链中的各种流动资源，包括物流、信息流和资金流。同时，它还涉及与供应商及其他合作伙伴之间的紧密协作，以实现组织在社会、环境和经济目标上的综合发展。

实施可持续供应链管理意味着企业在管理活动、文化价值观、生产方式、产品特性和技术管理等方面都需重视人与自然的和谐共存，重新定义企业的社会责任，全面整合知识和技术，从而提升企业的综合竞争力，并制定长期战略规划。这对企业的持续发展具有深远的影响。

在可持续供应链管理的框架下，可持续采购成为一项关键活动。这不仅包括绿色采购，还涵盖注重社会责任和财务表现的采购实践。可持续采购被定义为一种在购买商品与服务的过程中，考虑到对人类、利润和地球产生长期影响的采购行为。

实施可持续采购战略的企业通常会采取以下措施：

（1）推出环保型新产品或服务以增加收入。

（2）节约资源，提高能源效率，选择可持续的供应商，优化分销网络等，以降低成本。

（3）加强品牌管理，将信誉视为生命线，并培养具有社会责任感和环境意识的消费者群体，从而控制风险。

（4）建立企业的社会责任和环境责任品牌，增强品牌信誉价值，构建企业的无形资产。

（5）发展与关键供应商及消费者的密切合作关系。

绿色采购的概念源于环境保护意识，旨在确保所购买的物料符合组织的环境保护目标，如减少浪费、消除风险、促进资源的循环利用等。根据全球供应管理协会的定义，绿色采购是指在采购过程中做出的决策始终考虑对环境的影响，从产品设计开始，贯穿整个产品的加工过程，直至产品生命周期的结束。

作为全球领先的零售商，沃尔玛一直是供应链管理的先锋。近年来，沃尔玛积极推行可持续运营的措施，例如减少包装费用5%，这不仅有助于大幅降低碳排放，还减少了运输和燃料成本。沃尔玛的目标是全面使用可再生能源，并销售有助于资源和环境可持续发展的产品，力图成为一家在环境和经济上都具有可持续性的企业。

二、绿色供应链与绿色物流

（一）绿色供应链

企业是指通过提供产品或服务以获取利润的组织。从产品设计初期到材料采购、制造过程、产品包装、物流配送、销售以及产品的回收再利用等各个环节，都需要考虑对环境的影响，并践行可持续性原则。在产品设计阶段，企业应全面考虑产品的整个生命周期，包括制造、销售、使用以及最终处置过程中可能对环境造成的影响。企业需确保产品设计便于未来拆卸和回收，同时最大限度地减少废弃物的产生。在产品设计时，还应尽量采用标准化和通用化的部件，以便在产品报废后能够回收再利用这些部件。此外，企业应尽可能选择常规材料，避免使用稀有或稀缺材料，并优先选用环保型材料，例如可自然分解且易被自然吸收的材料。同时，产品设计应追求以更少的材料实现相同的功能，或者以同样的材料实现更多的功能。

在生产过程中，企业应推行清洁生产模式，有效利用并替代原材料，优化生产工艺和设备，提升运营管理水平，从而实现节能、降耗和减污的目标。产品包装应遵循简约原则，避免不必要的过度包装，同时优化材料使用效率，减少资源浪费。

针对功能性产品供应链，企业应评估各环节的环境影响，并重点改进那些对环境影响较大的环节。例如，可通过使用环保替代部件和新材料来提升产品性能。此外，此类供应链还应鼓励并支持供应商向环保型供应商转型。随着技术的不断发展，对于维护、维修以及作业用品等关键的功能性产品，其维护和维修方式将发生显著变化，因此具备更大的改进潜力。关注作业用品的管理也是对环境保护的一种贡献，因为良好的维护和维修能够延长产品的使用寿命，促进产品的再利用。

对于创新型产品供应链，在设计阶段就应嵌入环境友好特性。新型应用软件或智能系统是创新方向中备受关注的领域。企业在选择供应商时，应重视其声誉和技术实力，并采用符合道德原则和可持续发展的长期采购策略。尽管创新型产品的生命周期可能较短，但其所需的部件或原材料需要持续更新，供应商的产品也应不断升级，以适应供应链产品的更新换代需求。

（二）绿色物流

1. 定义

绿色物流是指在物流运作全过程中，同时采取措施以减少对环境的不良影响，并致力于提升物流环境质量，确保各类物流资源得到高效利用。这一理念的核心目标是将环境保护策略系统性地引入物流行业的各个环节，包括但不限于仓储管理、运输调度、包装设计、装卸操作、流通加工以及废旧物资的回收处理等。通过强化这些领域的环境管理和监控机制，绿色物流旨在积极响应并符合政府制定的相关环保政策与法规，切实遏制物流活动扩张所导致的环境污染与能源消耗问题。

换言之，绿色物流不仅涵盖了单个企业在日常运营中实施的各项绿色物流实践活动，更从宏观视角强调了对全社会范围内物流基础设施、服务网络及各类相关活动的整体规划、协调与优化，皆在构建一个既符合环保标准又具备高效能的绿色物流体系。这样的体系不仅关注微观层面的企业个体行为，还通过政策引导、技术创新、资源共享等手段，推动整个物流行业乃至经济社会向更加环保、节能、低碳的方向转型。

2. 内容

绿色物流涵盖了多个重要环节，这些环节均体现了对环境的尊重和保护。以下是绿色物流的几个核心组成部分：

（1）绿色运输。运输过程中产生的燃油消耗和污染是环境污染的主要来源之一。在微观层面，为实现绿色运输，企业首先需要合理规划运输工具和线路，优化装载效率，精简运输路径，以减少交通拥堵，从而提升运输流程的效率，实现节能减排的目标。其次，企业应推广使用清洁燃料，预防泄漏，提高能源利用效率，降低污染排放。此外，物流运输安排应避开交通高峰期，合理利用时间窗口，促进共同配送和物流联盟合作的发展。在宏观层面，城市规划应注重道路建设，推动公路、铁路和水路的综合发展及相互衔接，构建全面的交通管理系统，并统筹规划物流园区的建设。

（2）绿色仓储。通过合理选择仓库位置和科学布局仓储空间，利用先进技术降低运输成本，提升仓储效率，并减少仓储设施的能耗。某些物品在存储过程中可能会发生物理或化学变化，对周边环境构成潜在威胁。因此，企业需要为这些物品制订科学的存储计划，并采取相应的预防措施，抑制其变化、释放和泄漏。同时，应建立环境管理体系和科学的存储程序，以确保周边环境的安全，并最大限度地减少物品损耗和环境损害。

（3）绿色包装。为了避免包装过程中产生不可降解的废弃物，企业应选择简化的、可降解的包装材料，并努力提高包装材料和器具的利用率，从而控制资源的消耗。目前，许多企业已经采用绿色包装材料，如可食性包装（如大豆蛋白可食性包装膜、耐水蛋白质薄膜等）、可回收再利用的包装（如啤酒玻璃瓶）及纸质包装（如用于液体食品的纸质包装盒）等。

（4）绿色装卸搬运。企业需要减少装卸搬运过程中产生的粉尘和烟雾，降低泄漏和损坏的风险。应采用防尘设备，并加强现场管理和监督。

（5）绿色流通加工。通过集中加工的方式实现规模化作业，以提高资源的利用率。同时，统一处理加工过程中产生的废料，以减少分散加工可能带来的污染。

（6）逆向物流。逆向物流涉及与产品循环、替代、回收和退货处理相关的所有物流活动。它强调建立完善的产品召回、废物回收以及危险废物处置制度。逆向物流旨在重塑产品价值，突出资源的回收与再利用。与顺向物流相比，它在控制成本的前提下，对未实现价值的物品进行再加工利用，是绿色物流中至关重要的一环。

在推动绿色物流发展的过程中，企业不能忽视环境友好型文化的建设和员工的作用。因此，企业需要加强对员工的绿色物流理念宣传和教育。例如，可在仓库、货车等显眼位置张贴标语，提醒员工注意环保。当员工意识到绿色环保的重要性后，他们会自觉将这些理念融入日常工作中。例如，驾驶员在等待装卸货物时，会主动关闭货车引擎，从而减少不必要的能源消耗和污染排放。

（三）逆向物流中的退货管理

逆向物流，即物品从供应链下游向上游流动的过程，其中退货管理占据了至关重要的地位。近年来，随着网络购物和直接配送到户等出货量的持续增长，分销环节中的退货率也呈现上升趋势。此外，选择廉价且未经过充分测试的供应商，也可能导致大量产品被退回或被企业召回。

退货和召回不仅涉及额外的运输、装卸、维修、翻新、重新包装等环节，还可能导致转售困难、产品处置及销售损失，这些问题无疑都会增加企业的运营成本。更为重要的是，如果退货或召回处理不及时、不妥当，可能会对企业的客户服务质量、信誉和盈利能力产生负面影响。一旦让客户失望，企业必须迅速采取措施解决问题，以挽回声誉。

在处理退货时，企业需要综合考虑多方面因素。例如，信息系统是否能够高效处理退货并监控整个逆向流程；逆向物流环节的员工是否接受过专业培训；如何识别未使用退货包装的产品；是否需要借助检验和测试设备；以及如何将损坏的退货产品与正常销售的库存产品进行有效区分。

虽然退货处理的成本远高于正向物流，且处理步骤更为复杂，但企业仍需重视逆向物流系统的建设。因为逆向物流系统的完善程度直接影响整个供应链的效益和客户满意度，并进一步影响未来销售量的提升和企业竞争力。一个便捷、高效的退货流程能够吸引更多客户，因为它能降低客户的购买风险，从而成为一种有效的营销策略。同时，退货往往会暴露出产品的缺陷，这些缺陷信息的及时反馈可以为设计人员提供宝贵的改进依据，从而提升产品质量，减少未来产品的缺陷。此外，退回的产品还可以通过维修、更换损坏部件、翻新等方式创造新的价值。

三、低碳供应链物流

（一）碳足迹

现有研究对碳足迹的量化通常涉及两种主要途径：第一种是以生

产性土地面积为衡量基准，即估算吸收由人类活动产生的二氧化碳所需的土地面积大小。在这种度量方式中，碳排放量的高低以及土地固碳能力的强弱共同决定了碳足迹的规模。第二种是以直接的二氧化碳排放量（或其等效排放量）作为度量标准。在此定义下，碳足迹被直接等同于总的碳排放量。本书采用后者作为讨论依据，即碳足迹是指某一系统或过程中所产生的全部碳排放总量。

针对供应链物流领域的碳足迹计算，目前存在两种主流方法：其一，基于供应链物流活动中实际消耗的各种能源类型及其相应的碳排放系数，通过对能源消耗数据的统计与换算，得出碳排放总量。由于不同能源的碳排放强度各不相同，这种方法要求精确记录和分析能源使用情况；其二，基于物流运输距离的计算，依据单位运输距离对应的碳排放系数，对供应链物流过程中的运输里程进行累加，以确定碳足迹。此方法着重于物流活动的空间移动特征，适用于分析长距离运输对碳排放的影响。

（二）低碳政策

设计与实施低碳政策体系应立足于从传统经济模式向低碳经济模式的战略转型高度，对各行各业现行政策措施进行全面审视与调整。企业在借鉴国际先进经验的同时，应充分考虑我国经济发展阶段与国情特点，确保政策的针对性与可行性。在奖惩机制设计上，应兼顾约束与激励的双重作用，遵循自上而下的原则，构建多层次、立体化的低碳政策架构。我国低碳经济发展的政策体系应涵盖多个层次。

1. 清洁能源战略

清洁能源战略是低碳政策中的重要考量。在实施低碳政策的过程中，我们需专注于降低碳排放的具体目标，基于这些目标对高碳行业进行改革，积极推动可再生能源和新型清洁能源的发展，并在国际层面广泛合作以减少碳排放。减少整体能源消耗、提升可再生能源的比例以及使用清洁能源，是减轻能源生产和消费带来环境不良影响的关键措施。同时，提高能源效率和发展低碳技术对于推动城市转型至关重要。通过发展清洁能源，我们可以有效减少温室气体排放。

2. 碳减排政策

碳减排政策主要包括基于价格和数量的两类工具，例如碳税、碳交易以及碳排放总量限制等。在充分竞争的市场环境下，市场手段（如碳定价）通常比指令性和控制性手段更为有效。实际上，碳税在推动技术研发和创新方面相比碳排放限额更具优势。物流服务业和制造业同样需要承担碳税，并可参与碳交易市场的相关活动。碳税，也被某些国家称为能源税，其本质是一种矫正税。

为了降低减排成本，企业应考虑建立长期稳定的合约机制，将不同国家和地区的碳交易系统相互连接，从而构建一个全球性的碳交易市场。尽管构建和运行个人碳交易制度的成本相对较高，但英国政府曾提议的个人碳交易制度能够为整个社会经济带来更多收益。不论是实施碳税还是建立碳交易市场，都需要政府的干预和调控。政府需要制定相关法律法规，并为基础设施建设提供投资，以确保碳市场的顺利运行。同时，政府还需要通过立法确保碳税的合法性，并制定合理的税率。如果将从企业征收的碳税用于政府采购，则可以实现碳税政策的双重红利效应。为了更好地帮助企业和居民适应并调整其能源消费习惯，碳税的征收应遵循逐步推进的原则。

对于企业而言，控制碳排放不仅是履行社会责任的体现，同时也会增加其运营成本。在大中型城市中，城市交通被视为主要的污染源之一，而物流业作为城市交通的重要组成部分，其带来的交通拥堵和环境污染问题已引起政府与居民的广泛关注。这也是福利经济学研究的重点，即经济活动中的外部不经济性问题，为碳税政策提供了理论依据。

由于企业是主要的减排对象，因此无论是实施碳税还是建立碳市场，这些措施都会对企业产生影响。固定税率为企业提供了更加明确的预期结果，这在一定程度上有助于企业的决策和规划。然而，在碳交易机制下，由于价格受供求变化的影响而波动，企业将面临更多的不确定性。尽管两者存在这些差异，但它们并不相互排斥，反而可以实现优势互补。从实际情况来看，碳排放权交易制度除了碳税以外，也是推动排放主体自主减排的重要动力，两者可以相辅相成。

一个成熟的国际碳交易市场是实现全球节能减排目标的重要途径。据世界银行预测，在不久的将来，碳交易市场甚至可能超越石油市场，成为全球最大的商品交易市场。然而，这一目标的实现需要时间以及各方的共同努力。目前，澳大利亚、美国、加拿大、英国、新加坡、中国、日本等国家都已建立了各自的碳交易市场。其中，运行最为成熟、参与实体最多、效果最显著的市场是欧盟碳排放交易体系（EU-ETS）。欧盟碳排放交易体系采用配额市场机制，即每家企业都会获得一定的排放配额。对于超过或低于配额的排放部分，企业需要在市场上进行交易，市场价格则根据供需关系动态调整。

3. 行政措施与法律制度

行政措施和法律制度在应对碳排放问题上发挥着关键作用。其中，行政关停措施是一种迅速且有效的手段。政府政策可以采取两种主要形式：一是"一刀切"，即设定一个明确的能效标准，未达到此标准的企业必须进行整改，直至符合要求；二是循序渐进，即根据不同的时间段设定分阶段目标，以推动整个行业向低碳技术升级和转型。

政策还可以通过对地区或行业的总碳排放量进行控制和规范。如果超出规定限额，将面临严厉的惩罚。这要求地方政府和企业在一个生产周期内，对每个环节的碳排放以及相应的生产、配送和销售计划进行全面规划，以确保达到总体的碳排放目标。这种政策可能有两种变体：一种是在企业超出总量限制时进行处罚，而当企业碳排放表现优秀，甚至低于预设目标时，给予额外奖励。奖励可以是固定金额，也可以根据减排总量实行阶梯定价，或者为每个减排单位设定具体价格。这样的机制能够在保持经济活力的同时，更有效地推动节能减排技术的应用。表现优秀的企业可以通过技术创新获得经济回报。如果这种回报有足够的吸引力，就能激励企业进一步降低碳排放。另一种是实施碳补偿机制，即超标排放的企业需支付一定费用给第三方企业，由第三方企业通过种植适当的植物等方式来抵消多余的碳排放。

（三）低碳物流

低碳物流是在生态物流、可持续物流、绿色物流等理念基础上进一步发展和深化的概念。它指的是产品从供应商传递到消费者，以及废弃物从消费者回收再利用的整个循环过程中，运用先进的物流技术和环境管理策略来规划、设计、控制和实施物流活动，旨在降低能源消耗并减少包括但不限于温室气体在内的各类污染物的排放。

低碳物流的概念融合了可持续发展和三重底线原则，不仅满足了消费者和企业的需求，还符合城市对环保、无污染及民生导向物流活动的要求。这意味着，物流活动不应仅追求短期的经济利益，还应与社会的长期发展目标保持一致。低碳物流涵盖了从原材料获取到产品报废回收的整个过程，包括原材料开采、产品生产、运输、销售、库存、使用、报废和回收再利用等环节。从物流操作的角度来看，低碳物流涉及低碳供应、低碳生产、低碳运输、低碳仓储、低碳消费、低碳流通加工以及低碳回收等多个方面。

将物流活动与其所处的外部环境视为两个既独立又相互联系的系统，我们可以发现，物流活动需要从外部获取必要的资源和能源。这些资源和能源在使用后会产生废弃物，包括固态、液态和气态废弃物，这些废弃物必须通过环境进行吸收和循环。

在物流作业中，某些排放物或污染可能难以避免，但有些排放则是过量且不必要的。例如，物流网络设计不合理、库存决策失误、车辆运输路线规划不当，以及多品种小批量需求与大规模经济性配送之间的矛盾等，都可能导致不必要的排放。在城市物流中，由于文化或环境因素，消费者对从下单到收货的等待时间越来越不耐烦，这导致货物运输的效率降低，进一步加剧了城市交通拥堵和环境污染。

物流活动的这些外部不经济性和不可持续性引发了公众对低碳意识的觉醒，并促使政府加强对物流低碳化的监管。环境污染带来的社会成本是巨大的，有时甚至是不可逆的，无法通过经济代价来弥补。对于城市物流而言，交通拥堵和混乱不仅会导致社会秩序的紊乱与事故频发，严重影响社会治安、经济效率和物流自身的效率，还会恶化员工和居民的身体健康状况，增加社会和医疗保险的负担。在国际层面上，由于某些国家和地区对我国产品征收碳关税，物流企业在这些国家和地区的运营成本大幅上升，削弱了其在国际市场中的竞争力。

为了量化产品或系统的碳排放量，企业可以借助生命周期分析法和经济投入产出法进行评估。在评估物流系统的减排效果时，企业需要从碳效率的角度进行考量。建立碳效率指标有助于比较不同物流系统的表现，进一步推动低碳物流和低碳配送的发展。

参考文献

［1］鲍尔索克斯，克劳斯，库珀，等．供应链物流管理［M］．梁峰，译．5 版．北京：机械工业出版社，2021．

［2］陈璇，韩雪．跨境电商物流［M］．北京：机械工业出版社，2022．

［3］戴小红，吕希．跨境电商物流实务［M］．杭州：浙江大学出版社，2020．

［4］鄂立彬．跨境电商供应链管理［M］．北京：对外经济贸易大学出版社，2017．

［5］郭丽．跨境电商发展实证研究［M］．北京：知识产权出版社，2018．

［6］金宝辉．供应链管理［M］．成都：西南财经大学出版社，2019．

［7］李瑞麒．跨境电商物流［M］．重庆：重庆大学出版社，2022．

［8］潘瑶．物流视角下的供应链管理系统分析［M］．延吉：延边大学出版社，2020．

［9］孙华林，赵丹．跨境电商物流与供应链管理［M］．北京：电子工业出版社，2023．

［10］孙韬，胡丕辉．跨境物流及海外仓：市场、运营与科技［M］．北京：电子工业出版社，2020．

［11］唐亮，许再宏．郑晨光．出口跨境电商供应链管理［M］．北京：中国财政经济出版社，2018．

［12］王辉．跨境电商运营实战营销［M］．北京：中译出版社，2020．

［13］伍蓓．跨境电商理论与实务［M］．北京：人民邮电出版社，

2020.

［14］薛士龙，王玉芹. 跨境电商物流［M］. 上海：上海财经大学出版社，
2020.

［15］张喜才. 物流产业链管理［M］. 北京：中国商业出版社，
2018.

［16］周志丹，徐方. 跨境电商概论［M］. 北京：机械工业出版社，
2019.